面向未来的养育

如何让孩子拥有创造力、协作能力、毅力和积极的心态

[美] 玛德琳·莱文（Madeline Levine） 著　刘晗 译

Ready or Not
Preparing Our Kids to Thrive
in an Uncertain and Rapidly Changing World

上海社会科学院出版社
SHANGHAI ACADEMY OF SOCIAL SCIENCES PRESS

扫码观看作者视频解答
如何培养孩子的韧性？

各界赞誉

这个世界越来越难以预测，莱文用大量数据为在这种情况下养育孩子的父母提供了颠覆性的观点和充满智慧的建议。相信这本书能帮助到需要它的人！

——《纽约时报书评》

这是一本充满智慧的实用手册。心理学家莱文以同理心探讨了父母和孩子在面对"一个充满不确定的世界"时的不安和焦虑，并提出儿童需要发展的"基本"技能。如何让孩子为不确定的未来做好准备？父母们将从这本书中受益良多。

——《出版人周刊》

莱文清晰坚定地告诉我们：家长必须让孩子发展出自身的独立性，学会生存必需的技能，才能满怀信心地迎接未来。面对这个极速变化的世界，《面向未来的养育》给饱受焦虑折磨的父母们提供了非常可靠的建议。

——《科克斯书评》

莱文的研究不断深入，她以智慧和同理心对在当今世界如何为人父母，以及父母如何成长提出了切实的期望。最重要的是，在关注现实的基础上，她保持着乐观的心态。这是莱文与生俱来的宝贵品质。

——《书单》

莱文一直反对过度养育和精致利己主义。她在《面向未来的养育》一书中融合了她的学识、智慧、临床经验，以及深切的同情心，她承担起了在21世纪培养年轻人的艰巨任务。

——威廉·德列谢维奇（William Deresiewicz），《纽约时报》畅销书《优秀的绵羊》的作者

感谢玛德琳·莱文，她证明了花过多精力在孩子身上确实是不好的。对于未来的计划，莱文要求我们首先解决自己的焦虑，这样我们才能让孩子掌控自己的生活，然后坚持做对他们来说重要的事情。毫无疑问，《面向未来的养育》是这个复杂多变的育儿时代最重要的一本书。放下孩子的作业，读一读这本书吧！

——朱莉·利思科特-海姆斯（Julie Lythcott-Haims），《如何让孩子真正成人》的作者

玛德琳·莱文的新作以其一生所积累的丰富临床实践、广泛的研究和有力的道德敏感性为基础，为我们描绘了一幅父母和教育工作者在一个不确定的世界中面临挑战的图景。她最大的贡献在于，对所有致力于帮助孩子在21世纪茁壮成长的人，给出了明智而富有同情心的建议。《面向未来的养育》是我很长一段时间以来读过的最重要的作品之一。

——托尼·瓦格纳（Tony Wagner），畅销书《全球的成绩差距》和《创造创新者》的作者

在我的书架上总会为莱文的书留有一席之地，《面向未来的养育》当然值得列入其中。这是一本非常宝贵的指南，可以帮助当今的父母缓解在充满变数、日新月异的世界中抚养孩子时面临的焦虑和担忧。我喜欢这本书。它是游戏规则的改变者。

——杰西卡·莱西（Jessica Lahey），《失败的礼物》的作者

愿我的家人
洛伦，劳伦和埃默里，迈克尔和大卫，
杰里米和马根永远幸福。

卷起你们的袖子吧，
孩子们，我们还有很多事情要做！

目录

引言　焦虑时代，我们如何从容养育　　　　　　／001

第一部分
为什么当代父母会遇到更多养育难题？

第一章　为什么现状难以改善？　　　　　　　　／008

第二章　在不确定的未来面前，
　　　　为什么我们会做出错误的决定？　　　　／032

第三章　过度保护的真正危害　　　　　　　　　／054

第四章　习得性无助和迟到的青春期　　　　　　／075

第二部分

面对不确定的未来，回到养育的本质

第五章　消除无助，提升能力　　　　　　　／ 092

第六章　什么是 21 世纪必备的技能？　　　／ 123

第七章　充满不确定的时代所需的技能清单　／ 136

第三部分

养育的抉择：当下的效益与长远的目光

第八章　充满波折的人生道路　　　　　　　／ 160

第九章　育儿方式的改变　　　　　　　　　／ 186

第十章　直面未来的家庭：加强道德教育，
　　　　积极参与社群活动　　　　　　　　／ 210

致　谢　　　　　　　　　　　　　　　　　／ 233

注　释　　　　　　　　　　　　　　　　　／ 238

引言

焦虑时代，我们如何从容养育

当你不但要辗转于换尿布、擦鼻涕、叠衣服、叫外卖、去上班、开家长会、拼车通勤之间，而且还要纠结自己的育儿技巧是否跟上了儿童研究的最新成果时，你无疑已经注意到世界似乎正在崩溃、解体。当然，不能从字面意思来理解。但是，放眼望去：国内的政治摩擦频频出现，国际局势日趋紧张，气候状况每况愈下，而技术革命还在不断推进，于是你不得不承认，我们曾经了解的世界正变得充满不确定性、陌生而又令人不安。

我们大多数人不仅要努力维持家庭的良性运转，还要兼顾工作和个人生活。每天的新闻充斥着灾难性的消息，而我们却无暇顾及这些。网络安全可能会保护我们的身份，也可能相反；我们的孩子将会失业；因机器人导致的人类末日即将来临。我们为生活中的悲剧落泪，尤其是当目睹发生在学校或教堂的一次又一次大规模枪击事件之时。我们对沦为政治界新常态的低质量对话感到如鲠在喉。

我们对未来充满不信任，感到愤怒，甚至无助。出于爱、恐惧以及寻求安慰的需求，我们将越来越多的注意力转移到孩子身上，因为当一切失控的时候，我们至少还能掌控他们。

身处喧嚣之中，只需深吸一口气，你就会发现，变幻莫测的世界实际上也为创新、增长、健康和更广泛的平等提供了巨大的机遇。有先天缺陷的婴儿在子宫里就可以被治愈；廉价且易于运输的显微镜有助于发展中国家实现医疗革命；可读取脑电波的耳机可以让瘫痪的病人用简单的思维控制他们的轮椅；CRISPR基因编辑技术让我们可以编辑基因，并且可能很快就会消除一些致命疾病。我们正处于一个非同寻常的时代，我们有理由忧心忡忡、谨慎行事，也有理由保持乐观。这对科学家和研究人员来说是好事，对父母和祖父母却未必。

大多数人获得的信息零碎而片面，不过是些道听途说，这些信息混在一起会让我们更加执着于自己特有的世界观。它们迎合了我们的偏见，实际上却并没有提供任何信息。我们意识到世界正在发生变化，而真正令人头晕目眩的是变化的速度之快。变化一直伴随着人类，但之前是以千年、百年或十年计，而非以年、月或周为单位来计算。当我们在冲动和焦虑情绪中，向过去寻找可能已经过时的解决方案时，我们如何推动自己和孩子前行？我们总是担心孩子们未来的生活轨道。焦虑并不是什么新鲜事。从历史上来看，它一直存在于生活背景中，如苍蝇嗡嗡作响一般。但无论对我们还是对孩子而言，焦虑已不仅是背景音。"焦虑已经成为影响成人和儿童心理健康的头号问题。"[1]

本书就是为解决这种焦虑而作的。它展现了在纷繁复杂的信息迷雾中，挥之不去的焦虑对家长的决策造成怎样的恶劣影响。这些决策包括哪所托儿所最适合蹒跚学步的孩子，也包括哪所大学最适合高中生这种大事。编程营、足球营或探险营能帮助孩子们在未来取得成功吗？如果能，那么，那样的成功会是什么样子呢？它会不会完全符合我们惯常的衡量标准——名牌大学，以及紧随其后的高薪工作？抑或，成功更取决于孩子是否具有适应不断变化的工作要求的能力，甚至在缺乏任何传统意义上的工作的情况下，找到自己生活目标的能力？这本书也关乎我们和孩子的焦虑如何影响孩子的健康，关乎焦虑如何阻碍他们在一个易变、不确定、复杂而模糊的世界中提升身心健康的能力。焦虑必然会扼杀我们的判断力或阻碍孩子的成长。通过对不确定性和焦虑的理解和把控，我们可以缓解焦虑甚至放下焦虑，并做出理智的选择。

在抚养孩子的过程中，父母面临着诸多挑战。但在当下，我们不仅面临着为人父母常见的挑战，还要加上我们不确定哪些育儿规则适用、哪些规则已经失效所带来的不适感。当我们不确定自己在计划什么的时候，制订计划是很困难的。在过去的三年里，我与全美各地的专家进行了广泛的交谈，其中包括行业巨头、军方领导、科学家、学者和未来学家。他们对不久的未来，比如说十年或二十年进行预测。这些预测从我们所熟知的日常生活，比如说无人驾驶汽车以及包裹派送无人机的改进，到所谓的奇点（singularity）——人类智慧和人工智能机器人进行结合。我无法改变对未来缺乏共识的状况。但是我能帮助你理解我们可能因不确定性而付出的代价，即我们做出正确决策的能力减弱，最先进的育儿技巧也会弱化，并进而影响孩子们的健康发展。

当我们意识到，在充满不确定性的情况下自己的思维有多么脆弱时，我们就有能力做出明智的、对孩子最有利的决定。这并不是说，所有的孩子和家庭都有唯一且最优的方案。每个孩子都是独一无二的，就像每个家庭都是与众不同的一样。我们知道，儿童发展是心理学中比较成熟的领域。有证据表明，一些传统的被认为良好的养育方式应该得到调整，甚至纠正。我们可以看一下数据，参考一下科学，再决定是否要改变。目前来说，我们并没有为孩子（或我们自己）面对不可预知的、迅速变化的未来做好充足的准备。相反，在努力保护孩子们免受痛苦的过程中，我们无意中变得很焦虑，而这些反而会加剧孩子们的痛苦。

幸运的是，尽管对前景几乎没有共识，但对于孩子需要哪些技能才能从容应对未来几十年，人们不谋而合。正如达尔文在 160 多年前发现的那样，适者生存，而且生生不息。如果你有不止一个孩子，就会知道孩子们出生之后的适应能力是不同的。有的孩子在一两年内只吃烤奶酪或意大利面，而有的孩子似乎对从婴儿食品转向玉米卷和寿司抱有极大的热情。那么，适应能力可以培养吗？那些在不确定的未来可能给他们带来好处的其他品质可以培养吗，比如创造力、灵活性、好奇心和乐观精神？随着对表观遗传学——遗传与环境的交集——的研究，我们发现，可以或多或少在孩子身上培养这些能起到保护作用的品质。我们将学习如何帮助孩子在未来最令人不安的环境中保护自我，并最大限度地提高他们在这种环境中获得乐趣、挑战和成就感的能力。

事实上，我们需要改变人们对成功的看法。我曾在数百个场合，对超过二十五万人谈论过成功的方式。我这里用的是广义上的"成功"。有些人富可敌国却没有自我价值；另一些人"勉强能活下去"，但他们知足常乐。归根结底，成功是一种只能由感到成功的人来定义的概念。这无关乎成绩、学历、薪水或工作。当然成功可以是这些，但并不绝对。绝大多数自诩成功的成年人都有着曲折（我称之为"一波三折"）的人生道路。我们将探讨一波三折的人生道路的好处、对明晰道德感日益迫切的需要，以及如何让我们这些常常感到孤立和孤独的人意识到集体的重要。

科学家艾伦·凯（Alan Kay）曾说过一句流行的俏皮话："预测未来的最佳方式就是创造未来。"我有三个孩子，一个患病的母亲，一个私人诊所，还有一张似乎永远都无法完成并且在不断加长的任务清单，而丈夫也几乎帮不上忙。在这种情况下，我不会去想着怎么"创造未来"。既然大多数人都发现，当前的需求导致自己没办法对未来全身心投入，那么我们至少可以努力让孩子为未来做好准备。每一代人都会以新奇而意想不到的方式接续前人的事业并发扬光大。这就是我们如何适应、创新，并继续前进的过程。在这个充满巨大不确定性的时代，如果我们能帮助孩子充分利用不确定性，并使其以积极、乐观和热情的态度来迎接挑战，我们就算是为他们准备了一个充满希望的未来，他们便可以欣然接手这个世界，并为世界创造未来。

第一部分

为什么当代父母
会遇到更多养育难题?

Ready
or
Not

Preparing Our Kids to Thrive
in an Uncertain and Rapidly Changing World

第一章

为什么现状难以改善？

> 之前我就不得不在亲密育儿、虎妈育儿、权威式养育和直觉养育之间做出选择，那种感觉真是非常糟糕。如今一切都变得太快，我比以前更加迷茫了。
>
> ——一位9岁孩子的母亲

我现在站在美国中西部某地的一个舞台上。十多年来，我一直在美国各地奔波，谈论孩子们与日俱增的焦虑和抑郁情绪，最近又谈到了在日新月异、充满变数的环境中家长们所面临的挑战。我有幸与各种各样的团体和组织会面：公共的、私人的，自由的、保守的，农村的、城市的，以及介于两者之间的几乎所有群体。但是真正让我惊讶的是，无论我身处哪个群体，人们的担忧都是一样的。家长们想知道什么是需要操心的，什么是不需要忧虑的。他们想知道如何让孩子在看似不可预测的未来里取得成功，如何应对青少年儿童层出不穷的骇人新闻。最重要的是，他们想知道如何保护他们的孩子，以确保他们在一个看似动荡不安的世界中安稳成长。

第一章 为什么现状难以改善？

在演讲开始，我展示了青少年焦虑和抑郁的最新数据，同样被焦虑困扰的家长们对此深有共鸣。"统计数据显示，孩子们的心理健康状况每况愈下。"我告诉他们。在13~18岁的青少年中，几乎有三分之一的人患有焦虑症。[1] 从2005年到2014年，有严重抑郁症表现的青少年人数增长了30%以上。[2] 这意味着大约13%的青少年患有真正的临床型抑郁症。[3] 在过去的十年里，年轻人的自杀率也在逐年增长。令人不安的是，自杀数据也显示了有多少孩子感到沮丧和绝望。在15~24岁的年轻人中，每有一个人自杀身亡，就有50~100次自杀未遂——幸好是未遂。[4]

这个趋势令人沮丧，但并非不可逆转。我说："我们有办法减轻孩子的痛苦，并帮助他们取得更好的成就。"我与大家分享了大量的研究成果，揭示了如何把孩子培养成身心健康且有成就的成年人。**参与度**，即对学习的乐观、热情和高度的积极性，与学业成功高度相关。[5] 职场成就在很大程度上取决于情商，即识别、理解和管理自己和他人情绪的能力。[6] **自我调节**则深刻影响着情绪健康，这一内在系统可以让我们指导自己的行为，控制自身的冲动。[7] 最后一点是**父母的情绪**，特别是母亲的心理健康，对孩子的状态有长期的且至关重要的影响。[8]

我告诉在场的家长们，如果希望孩子们在这个日新月异、充满不确定性的世界中茁壮成长，就应该少些精心安排，多给他们些自由空间。他们需要冒险和试错学习。保护他们免受失败之苦反而会适得其反。孩子们应少花时间打磨简历，而将精力放在探索和思考上。

我向家长们保证，我并没有看轻学业成绩或高收入工作的价值。

相反，我要告诉他们如何更好地达成这些目标。一天只有24个小时，如果只关注孩子进步的某个方面——通常是学业成绩或运动成绩——那么自然会减少对他们其他方面的关注。

家长们礼貌地听着，但空气中弥漫着不耐烦的气氛。他们受过良好的教育，熟悉最新的育儿理论，大多数人以前都听过类似的论调。这些论调有些是我说的，有些来自与我有着相同理念的同行。他们在等待着答疑环节。我已经为需要回答的问题做好了心理准备：

"我女儿喜欢艺术，但现在一切似乎都与科技有关。我应该鼓励她做些什么？"

"我一直认为，像好奇心和创造力这样的'软技能'才是新晋的硬核技能。但是你能教会孩子们这些东西吗？"

"好吧，所以孩子们将会需要更多的软技能。但很多高薪工作的职位要求可没写'富有同情心又可以解决问题的会沟通的人'。"

"我们不给儿子施加压力。我们从来没有施加任何压力。但他自己想上完大学所有的选修课程。我们为什么要阻止他？"

"不管发生什么，布朗大学的学位不会有什么坏处，对吗？"

"我的孩子应该学什么专业？您能给我一份清单吗？"

社会普遍焦虑这些问题，这成为一种新常态。在这个险象环生、动荡不安的世界里，父母为孩子的前途忧心忡忡。有些行业的工作岗位永远消失了，这种情况不论是国内还是国外都存在。还有全球金融市场的动荡、恐怖袭击、难民问题，以及有毒物质和全球变暖对环境的冲击。家长们关注的不仅仅是职业咨询，甚至不是幸福。他们关心的是生存。这就是为什么家长们很难重新审视那些在他们的成长过程中十分有用的指标——考试成绩、大学录取、名牌大学学位。他们无可奈何地问:"不这样我们还能怎么办呢?"我的回答尽管对孩子的健全发展和情感成长有所助益,但在他们看来却不够有力,无法应对不可知的未来将要带给孩子们的冲击。

这并不意味着所有家长都不认同我的看法。心理健康专家和教育工作者已经帮助许多家庭降低了他们在高压、高风险环境下的压力。在过去几十年里,这种环境扼杀了太多孩子的创造力、参与度和情感健康。越来越多的家长愿意强制孩子遵循健康的作息时间,认同放弃那门额外的大学选修课实际上是明智之选,愿意容忍不那么理想的平均成绩,而不是坚持要求孩子接受心理或药物治疗,或是坚持给孩子请课外辅导。然而,有关儿童心理健康的统计数据依然堪忧。

虽然很多家庭,甚至一些社区和学校体系已经为孩子引入了极其合理的时间表,并且不再对孩子抱有不切实际的期望,但是主流文化的惯例仍然聚焦于不惜一切代价获得"满分"。父母(通常也包括他们的孩子)视生活为一场只有赢家和输家的零和博弈。没有父母希望自己的孩子变成输家。贫富差距日益扩大的社会现状加剧了这种担忧。于是就有了这样的谬见:一脚油门踩到底全速前进的生活和学习方式更可能培养出成功的孩子。而事实恰恰相反。对大多数孩子来说,在户外玩耍、在没有父母不断干预的情况下迎接挑战、发呆、做家务、承担一些风险这些更有可能培养出对孩子未来有益的能力。

但是,在理智上认同这一理念与实践它之间有着很大的差距。爸爸们仍然会告诉我,他们的孩子"一旦有了工作就可以放松了"。妈妈们则担心:"风险这么高,我们可不敢逆着大潮流。"我始终把青少年儿童的幸福放在其人生的中心位置，所以，看到父母和孩子总是在挣扎，我感到非常沮丧和痛苦。每次演讲之后我都会想："我错过了哪些问题？在这个瞬息万变的世界里，我们面临着一系列全新的挑战，因此需要新的解决方案。然而，家长们仍然焦虑地关注着成绩和名牌大学。为什么现状无法改善？"

这本书是我回答这些问题的一次尝试，一次让我远离舒适区的探索。我不仅从我常用的调研对象那里获取信息，还与那些人生坎坷、经历丰富的人进行讨论。这意味着除了与发展心理学家谈话外，我还要与海军上将交谈；除了与临床医生沟通外，还要与公司首席执行官商议；除了与教师攀谈外，还要与神经科学家切磋。我想暂时搁置我的假设，重新审视给家庭造成重重困扰的问题的根源，梳理那些阻碍现状改善的无形障碍。最重要的是，在这个史无前例的动荡环境中，探索出最有效的改善结果的策略。从很多方面来说，我所发现的解决方案正体现在写作的过程之中：保持开放，保持好奇，通力合作。走出舒适区，挑战自己的观念。

心怀美好愿望

现在，为人父母充满了讽刺。想想看，我们和孩子一样沉迷于电子设备，但我们从中获得的乐趣却少得多：我们不再着迷于音乐或时尚博客，而是被诸如最新食品召回、致命病毒或大规模枪击事件等新闻报道吸引。成年人的焦虑随着少年儿童的焦虑一起上升，[9]这在很大程度上源于我们不断接触着社会的文化动荡。由于心怀隐忧，我们对孩子的过度保护和指导，甚至超过了十年前或二十年前的父母，我们把孩子变成了为规避风险而循规蹈矩的人。然而，正如来自多个领域的专家的共识，如果适应性、好奇心、承担风险的能力和灵活性是未来需要的生存技能，那么孩子们今天的思维方式则恰恰与之相反。我们奖励那些记住所有正确答案的年轻学者，但在一个飞速发展的世界里，更重要的是提出尖锐深刻的问题。为什么呢？因为内容只需滑动手指就可以获取到。如何处理评估这些内容，如何以全新的、有意义的方式将它们与其他内容结合在一起，这些才是真正重要的。我们鼓励学生们去竞争奖项、奖杯和顶尖大学的录取名额，但在未来几年，合作的能力远比竞争的习惯更有价值。我一次又一次地看到，父母希望自己的决定能让孩子受益，结果却削弱了孩子的能力。在我的临床实践中，我看到用心良苦的父母本能地将孩子推向可量化的成功，却在无意中弱化了他们的好奇心、创造力和灵活性。这些不一定是非此即彼的命题。对于大多数孩子来说，二者的健康平衡比只关注标准化成功更加有益。

这种矛盾的根源在于"扁平的"、技术驱动的、变幻无常的世界。没有人——包括我为写作此书而采访的那些专家——能确切知道未来会是什么样子。这种令人不安的现实对父母的育儿方式产生了深刻而微妙的影响。我们不曾真正留意的力量正在推动我们的决策。父母洞察到了世界翻天覆地的变化，但他们却没有真正意识到这些变化如何影响他们在育儿时的决策。在美国的历史上，这不是第一次人们不得不适应快速的变化。历史地来看，当今世界的某些方面确实让此时此刻具有独特的挑战性。

现在确实与以往不同

虽然每个时代都可能是最好的时代，也可能是最坏的时代，但鲜有如此多的问题以我们现在所经历的速度呈现。在过去的几十年里，气候变化已经从遥远的对北极的威胁演变为影响每个大陆的极端天气，并引发了大规模的人口迁移。全球化意味着各国越来越专业化，不论是国内还是国外，这减少了宝贵的工作技能种类和就业的职业范围。十年前不存在的技术已经改变了我们交流和建立关系的方式，迫使我们在最私密的心理层面上做出改变。科学在令人兴奋又恐惧的领域突飞猛进——如基因改造、生物医学工程和人工智能，等等。多渠道的信息超出了我们能够应付的范围。而且，由于门户网站是由利益驱动的，往往关注骇人听闻而非振奋人心的新闻。我们是人类，恐惧是卖点，而乐观精神只能退居次要位置。

如今的社会变化仿佛是灾难性的，所以我们要回顾过去，寻找观察的视角。19世纪从农业社会向工业社会转变，20世纪上半叶应新大陆的移民浪潮，第一次世界大战，致命的西班牙流感，大萧条的严重创伤，第二次世界大战和核时代的恐怖，20世纪60年代的剧变和越南战争——可以说，每一个时代都和我们这个时代一样具有挑战性，甚至比我们这个时代更具挑战性。了解到这些时代的人们一路走来历尽艰辛，与此同时也见证了国家的繁荣，我们可以相当自信地说，我们也将如此。但是20世纪的剧变，比如说，从在农场干活到在工厂做工，抑或是从战场作战到解甲归田，并没有要求人们终身不断地适应迅速变化的环境。而我们这个时代需要如此。让我们这个时代独一无二的不是变化，而是变化之频繁，变化之无情。

在这个世界上，关于教育和工作保障的陈词滥调已经变得不那么可靠。顶尖学校的学位价值无可估量，但前提是你无需背负巨额债务。况且只有某些特定领域的学位才物超所值，更别提这些有价值的领域正在发生转变。律师的工作岗位减少了，因为科技让法律工作变得更加高效，像 LegalZoom 这样的网站已经能满足许多客户的需求。[10] 在公立机构接受教育的普通内科医生平均要背负 18 万美元的学费债务，[11] 但医疗保健体系在不断变化，使得医生潜在的收入下降了。目前来看，金融似乎是一个稳赢的筹码，但不是每个孩子都想成为对冲基金经理。每个失意沮丧的大学新生都会在某个时刻告诉父母，从常青藤盟校辍学的硅谷奇才仍然可能被誉为英雄。但是，90% 的初创公司都失败了，[12] 而在 10% 的成功公司中，只有创始人和少数高管可能会得到可观的回报。[13] 科学、技术、工程和数学教育（STEM）领域被认为是就业最有保障的专业，但事实上，只有计算机科学领域有充足的工作机会。[14] 一项基于美国劳工统计局（Bureau of Labor Statistics）的就业预测的分析认为，到 2024 年，STEM 领域 73% 的就业增长将会出现在计算机行业，而只有 3% 出现在生命科学领域，3% 出现在物理科学领域。[15]

难怪有如此多的年轻人最终会在酒吧借酒消愁，或开一家手工艺品网店。

就连小孩子也越来越焦虑，他们所熟悉的那个世界将不复存在。一位同事的 8 岁病人深信"我开卡车的梦想永远不会实现"，以至于如果不和父母睡在一起，他便无法入睡。疑惑和担忧的父母一直向他保证，总有一天他可以开上卡车，但他对自动驾驶技术已经有了足够多的了解，他清楚父母很有可能错了。

在我的工作中，我认识到所有这些不稳定性和不确定性的累积效应。那些十年前在家庭和社会文化中就已经开始毒害孩子的问题，在今天变得更加根深蒂固和错综复杂。虽然父母可能越发意识到孩子在哪些方面受到了伤害，但他们在实践新的育儿方式时也比以往任何时候都更困惑。为了改善孩子的心理健康，也为了确保他们能够顺利应对飞速的变化，在父母和子女的互动中，以下五种日渐严重的趋势应该得到纠正。它们是：

> 不健康的过度竞争
>
> 虚假自我
>
> 社交孤立
>
> 无力感
>
> 摇摇欲坠的道德感

不健康的过度竞争

父母始终在学术、体育、音乐、艺术、社交等多个领域对孩子抱有不合理的高期望。曾经，对把孩子推向更高的高度这件事，父母会相对克制和谨慎。而现在压力往往是公开的，不仅来自父母，也来自同龄人和老师。这种公开的压力让孩子们对自己更加苛刻，也更加难以容忍失败。失败的定义已经从得 D 或者挂科（我已经很多年没见过了）变成了任何低于 A 的成绩。青少年几乎没有耐心通过深入思考、调查研究来学习，这已不足为奇。深度学习和创新需要时间和思维空间，而这正是孩子们所缺乏的。

我的大部分工作致力于帮助父母和孩子降低竞争和取胜的欲望，并让他们尽力培养孩子在学校和生活中所需的各种能力。这意味着培养好奇心，鼓励实验，让孩子们适应风险和失败。这意味着重新定义成功，从纯粹用量化指标来定义成功，到用更广阔的视角来理解成功，即什么组成了成功而美好的生活。我对此尤为关注，因此在2007年，我与丹尼斯·波普（Denise Pope）和吉姆·洛布德尔（Jim Lobdell）共同创立了"挑战成功"（Challenge Success）项目。这个项目在斯坦福大学教育学院进行，它致力于为家庭和学校提供实用而有研究支持的帮助，为孩子们创造更全面的成功观念，让孩子们过上更健康平衡、在学业上更为充实的生活。

可悲的是，接受这一观点的父母可能会发现，他们正处于青少年时期的孩子对放慢生活节奏很抗拒。他们受到来自同辈竞争压力的影响，并且已经完全接受了强调个人成就和竞争韧性的文化。因紧缺的就业和社会资源而与日俱增的焦虑导致学生往往比他们的父母更热衷于追求完美主义，也更加努力地投入竞争之中。

不管父母多么明智和冷静，许多学校的文化（尤其是那些坐落于高档社区的学校）给人以巨大的压力。几十年前，当我的大儿子还在公立学校读书的时候，那种如今荡然无存的协作精神还普遍存在。那时，优秀生会帮助有困难的同学。共同进步的精神鼓励孩子们跨越年级和能力水平去互相帮助，而这曾经是学校文化的一部分。如今，取而代之的是学生之间你死我活的竞争："如果你进了范德堡大学，对我来说就少了一个名额。"

虽然高中学校表示，它们正试图降低学业压力，但事实是，无论是公立学校还是私立学校，都依赖排名和分数来吸引学生，而这正基于考试成绩和毕业生的大学录取率。只有马里兰州和哥伦比亚特区要求将社区服务作为教育课程的一部分。在大多数学生考虑事情的优先级中，帮助他人排名最后，学校也没有采取多少措施来改善这种情况。现在，关于过度强调个人成就和竞争，忽视合作和社区参与的不良后果方面，我们的讨论取得了进展。我需要澄清一点，我并非反对积极性或毅力。但是积极性或毅力需要服务于更伟大的事情，而不仅仅是个人的最终考试分数。

虚假自我

当孩子们因压力而努力在公共场合表现完美，并能够获得奖励时，他们就无法表达甚至无法意识到自己真正的兴趣、实际喜欢的朋友、对自身重要之物，以及自己的立场。他们被困在心理学家所说的虚假自我之中："常青藤盟校！""棒球奖学金！""社交女王！"这些孩子已经被成功地训练成寻求外在肯定的人，以致他们很难向内反思。他们过分依赖他人的认可，这包括他们的同龄人、老师和教练。

如今的青少年不仅在创造虚假的自我，而且还因文化和同龄人的驱使，而在社交媒体中创造出一个通常与其真实面目毫无相似之处的自我。他们的表面形象是一个优秀的学生／运动员／艺术家／音乐人／新锐企业家／社交大王，同时，他们欲罢不能地记录着自己的成就。社交媒体与青少年抑郁及焦虑之间的关联性是有据可查的：过去十年间，青少年的生活满意度、自尊感和幸福感的下降与苹果手机（2007年）、Instagram（2010年）和Snapchat（2011年），[16]以及作为最普遍的交流手段的短信（2007年）的出现时间点有关。[17] 与青春期的男孩相比，青春期的女孩使用手机短信更频繁、更密集。[18、19]

社交媒体的不良影响不仅限于网络欺凌、身体羞辱或社会排斥等公开事件。一位同事告诉我，他的来访者，一个15岁的男孩发誓不会在高中阶段和任何女生交往，因为他厌恶他称之为"观众"的人。他担心，女朋友会想要和他自拍，然后这些自拍将会以点赞数的形式获得评分。女孩会给朋友发短信议论他，朋友们会评价男孩是否魅力四射，酷劲十足，以及他是否发了足够多的短信，说了该说的话。约会意味着你需要24小时表现出色，不允许说蠢话，做蠢事。公开的曝光会让这个男孩完全失去信心，影响他在社交场合的发展。不过，我不得不佩服他的勇气：尽管面临来自同龄人的巨大压力，他还是设法找到了自己的价值观。那些女孩们呢？她们同样在观众的注视之下，而她们的外表甚至被更严格地审视。当她们沉溺于网络自我，而渐渐不再参与现实生活中的关系时，她们的发展也会受到影响。对社交媒体中的"自我"的沉溺会延迟和扭曲那个真实自我的发展。

社交孤立

每当我在学校演讲时，我总会问初中生和高中生，作为一个青少年，最让他们烦恼的是什么？我让他们对三个青少年的常见问题进行排序：难以形成自我认同感、无法获得自主选择的独立感，以及被孤立的感觉。绝大多数孩子把社交孤立列为他们最大的担忧。

起初我很惊讶，但现在这样的局面已在预料之中。在此之前的许多年中，身份认同这一青春期的决定性问题，才是孩子们最大的担忧。

技术是造成社交孤立的根源，其原因错综复杂。科技的某些方面，比如游戏，造就了充满活力的社群，而互联网也为学习、创造力和政治行动提供了大量的机会。如上所说，问题在于"观众"。对青少年来说，尤其是12~15岁的青少年，唯一重要的是朋友的想法。那些属于14岁青少年的传统恐惧仍然存在：你和受欢迎的孩子坐在一起了吗？你的闺蜜会抢走你的男朋友吗？你有青春痘吗？你的胸是不是太小了？同时，由于短信和社交媒体的出现，羞辱变得无处不在，攻击不再仅仅出现在一天中某个特定可预见的时段——比如午餐时分，比如放学回家的路上，比如一两通电话之中，比如当老师背过身时收到的低声嘲讽。

还有一个更为微妙的因素也在推动社交孤立。发短信让难事变得轻而易举——如果看不到对方的眼睛和痛苦的表情，分手就变得很容易。在我的工作中，孩子们哭着走进办公室，直接把手机递给我的情形并不罕见。在这种情况下，我读到的信息各不相同，有单纯的不为他人着想，也有彻底的背叛。这已经够糟糕的了，但同情也被降级为短信里的几句话。当女朋友和你分手的时候，你的朋友发来六条短信骂她，可这对你并没有什么帮助。你需要一个朋友在身边，需要他熟悉的身影，需要肩并肩的感觉才能摆脱伤痛。从以往的经验来看，朋友们可以花上几个小时来为你抚平创伤，提供支持，哪怕仅仅是站在你面前，你也能够意识到自己并没有失去一切。但是今天的孩子们异常忙碌，他们已经习惯了肤浅的交流。因此，朋友给你的通常只是一堆表情包，而不是真正的安慰。

在面对面的接触中，儿童和青少年可以学会同情、交际和倾听。在现实生活中，如果没有艰难甚至令人心碎的对话，孩子便会在人际交往方面缺乏练习。在未来，社会上的职业会进一步变化，协同工作的环境会越来越流行，那些拥有卓越的人际交往能力的人将会比现在更有优势。那些缺乏这种技能的人不仅在工作中难以与他人建立联系，在维持与朋友和恋人的关系上也会难上加难。

考虑到青少年频繁使用智能手机和社交媒体会导致孤独感、抑郁和焦虑的概率增加，父母对孩子使用智能手机进行限制尤为重要。让孩子待在家里，知道他们在哪里、在做什么的感觉会很好。当青少年独自在床上一躺就是几个小时，只有手机陪伴，他的诸项发展——冒险精神、自立能力、建立亲密关系的能力以及道德发展——会受到阻碍。我们知道，每天在YouTube、Instagram、Snapchat、Facebook（或任何能引起人们兴趣的平台）上逗留超过两个小时，就会对孩子的心理健康产生负面影响。[20] 我们还知道，超过一半的青少年认为自己"几乎总是"在浏览社交媒体或者上网。[21] 对于那些一出生就接触网络的孩子来说，限制网络使用肯定会让他们感到异常痛苦。就像我们竭力通过运动、睡眠和富含营养的食物来确保孩子的身体健康一样，我们也必须保护他们的心理健康，即使这意味着要忍受孩子的白眼和摔门而去。请在一天中的大部分时间放下手机。然后坚持让你的孩子也这么做。

无力感

所谓能动性，就是相信自己有能力采取行动，并对你周围的环境产生影响。能动性的反面是无力感，这会导致自暴自弃，并将自己视为受害者。父母事无巨细地管着孩子——不仅仅是在学校，而且在玩耍的时候，在足球场上，在奶奶家，在服装店——会损害孩子发现自身的力量、安排自己日程的能力。无论是对想要穿上和衣服不搭配的袜子的三岁小孩，还是对想要放弃大提琴演奏的青少年，过度管理都会造成坏影响。持续不断的照管将孩子保护起来，让他们错过了需要承受的失败，只有通过挫败，他们才能认识到自己会被挑战，甚至被打败，但也可以重新站起来。更理想的是，他们能够学会享受被挑战的经历。当孩子们被剥夺了发现自己的价值、愿望和兴趣的机会时，他们往往会变得无望地依赖父母，而这恰恰是健康自主的对立面。

十年前，我的年轻病人对来自父母的束缚感到非常愤怒："这是我的生活！告诉我爸妈离我远点，我自己会解决的！"近年来最令人不安的是，青少年中年轻气盛的叛逆情绪正在消退，取而代之的是听天由命，以及一种精疲力竭的态度，这样的心态之前一般出现在那些为了养家糊口或偿还贷款不得不从事厌恶工作的成年人身上。"你不明白的，"这些十几岁的小孩会摇着脑袋说，"未来三年没有出路。我只是想忍着过下去。除此之外，我别无选择。"不能按照自己的想法行事在任何年龄段都是导致抑郁的重要原因。

摇摇欲坠的道德感

从 21 世纪初开始，在我与来自中上层阶层家庭的学生的交流中，我看到了过度物质主义的环境所带来的负面影响。加利福尼亚大学洛杉矶分校一项名为《美国新生：全国标准调查》(*The American*

Freshman: National Norms）的著名研究注意到了这种趋势。该研究将20世纪60年代的大学新生和后来学生的动力进行了比较。[22] 1967年，86%的学生认为，"发展一种有意义的人生哲学是极其重要且必不可少的"。到2004年，只有不到40%的人有这种意识。而大多数人（73.8%）认为，"财务状况良好"是极其重要且必不可少的。我在许多年轻病人身上看到了同样的倾向，他们更喜欢追求金钱和物质，而不是个人、道德和智识的发展。

当2007年经济大衰退来袭的时候，每个阶层的家庭都受到了影响。对一些人来说，这促使他们对基本的价值观进行了严肃的重新评估，这一点在2016年的《美国新生：全国标准调查》研究中得到了反映。大多数学生（72.6%）仍然认为"赚更多的钱"是上大学一个非常重要的原因，但他们（75.4%）同样觉得"获得正规教育并提升观念"也很重要。[23] 这一点又让人看到了希望，但道德问题依然存在。2012年，"挑战成功"项目撰写了一份白皮书，其中97%的高中生承认在过去一年中有过作弊行为，75%的学生承认多次作弊。[24] 令人不安的是，这些孩子中很少有人认为他们的作弊行为是道德问题。"要么欺骗，要么被骗"不幸被很多成年人奉为圭臬，流行一时，而这同样反映在了青少年身上。

成功的压力使作弊变得更有诱惑力。研究人员对成绩优异的高中生进行了采访，发现他们将作弊的决定归咎于父母、老师和同龄人的压力，他们感到课业负担过重，承受着进入名牌大学的压力，于是不得不作弊。[25] 对这些孩子来说，作弊是一种生存技能。

如果没有周围成年人的默许，青少年不太可能从事不道德的行为。自21世纪初以来，对被顶尖大学录取的关注，已经渐渐腐蚀了公平竞争的底线（尽管人们普遍承认，金钱和人脉总是让一小部分人获得明显的优势）。这一趋势并没有因为大衰退而放缓。尽管大衰退激发了一些家长对自己价值观的反思，但却使另一些家长的思想更加顽固。他们认为，最安全而有保障的做法是被最负盛名的学府录取，结交最有抱负的同龄人，然后积累财富。可以肯定的是，确实有少数学生可以达成这一目标，但大部分人都不适合这条雄心勃勃的道路，甚至对此并无兴趣。他们中的大多数不属于哈佛、耶鲁之类的学校。也就是说，大多数人都是普通的，但许多父母认为，他们的孩子远远强于普通人。这种误解叠加上对未来选择的不安，家长们就觉得有理由破坏规则。

在过去的十年里，我已经见识到父母们对破坏规则的容忍度的不断提高，比如为孩子"编辑"论文；或者试图让孩子被确诊为学习障碍，以获得更多的考试时间；或者为缺课或迟交作业提供借口；还有各种利用系统漏洞来提升孩子的学术简历。在全国范围内，只有2%的孩子有学习障碍，需要更多考试时间，而康涅狄格州格林威治竟然有50%的学生有学习障碍，需要延长考试时长，这显然是不可能的。[26] 当父母经常以孩子的名义撒谎、逃避问题甚至钻制度的空子时，孩子的自尊、积极性、对权威和规则的尊重以及对制度的信任就会受到侵蚀。无论多么巧妙地怂恿孩子参与欺骗，都会给孩子的道德发展造成恶劣影响。我们正以牺牲一个公平和道德的社会为代价，来换取个人成就。

2019年的美国高校招生丑闻揭示了这种道德腐败最黑暗的一面。绝大多数家长和学生都不会通过作弊和贿赂的方式进入大学，但这种罪行正是从破坏小的规则，比如替孩子修改论文开始的。最令人不安的是父母的行为可能对孩子产生的影响。学生们知道多少？他们是自愿的，还是被欺骗了？有些人被父母欺骗，以为自己在 SAT 或 ACT（美国大学入学考试）考试中取得了高分，而事实上，父母雇用其他人替他们参加了另一场考试，并提交了虚假的考试成绩。对一个孩子信心的最大的打击莫过于父母这样看待他们："靠你自己是根本考不上大学的。"

最令人沮丧的是，学校自身也有作弊行为。从亚特兰大到纽约再到费城，教师们会篡改学生能力测试的答案，暗中提高高中毕业考试的分数，用主观标准去批阅数学试卷以提高总成绩，或者虚报新生的入学成绩。[27] 加州克莱蒙特·麦肯纳学院（Claremont McKenna College）招生办的一名高级官员承认，在过去六年里他们虚报了新生的 SAT 分数。[28] 此举是为了提升该学院在《美国新闻与世界报道》（U.S. News & World Report）的年度大学排行中本就不错的排名。其他大学也有类似的欺骗行为，[29] 如巴克内尔大学（Bucknell University）、埃默里大学（Emory University）和爱纳大学（Iona College）等等。这与中上层阶层那种司空见惯而腐蚀人心的说法步调一致，优秀显然已经不能让人满足了，必须是第一名或者接近完美。

孩子们通过观察成年人的行为来辨别是非。幸运的是，许多父母都是诚实和正直的好榜样。即便如此，在这个缺乏约束、道德界限正在消失的文化中，父母的力量实在有限。这种情况不仅仅局限于学术界。互联网的匿名属性导致无数诈骗、网络暴力和威胁恐吓并不会被追究责任。越来越多的网站将极端思想正常化。真相似乎是可以被篡改的，道德则可以是变幻无常的。在这种氛围中，在这样一个经常高估物质利益和个人主义的社会里，孩子们不难得出这样的结论：重要的是不择手段获得成功。

　　如果没有坚实的道德基础，孩子就有可能成长为有问题的成年人——尽管看上去志得意满，但缺乏情感的深度，社会和家庭关系则支离破碎，而且容易陷入抑郁和绝望之中。然而，危险还不止于此。在我主持的许多采访中，反复出现的主题就是道德和责任。今天的关键问题，在明天将迫在眉睫。谁来监管人工智能？谁将有机会获得未来非凡的医学突破的红利？如何监管技术研究？我们应如何决策与能源生产和化石燃料相关的问题？"赢家通吃"并不是使我们顺利度过这个世纪的道德哲学。我们的孩子需要理解如何做出具有道德感的复杂决定，并学会承担决策的道德后果。在为这本书收集资料数据之后，我得出结论，道德考量是眼下最严峻的问题，其中充满危机，而我们并没有对其给予足够的重视。

我们该何去何从？

　　父母总是希望孩子得到最好的东西。但是，在充满不确定性的大背景下，社会潮流使家庭偏离了正轨。不知道接下来会发生什么，不知道该如何革新教育手段，使得我们对旧有的教育方式加倍重视。**不确定性让我们变得保守。**高分曾被认为是攀上人生高峰的第一站，精英大学几乎是通往好工作和财务自由的必经之路，争强好胜的心态则让人实现阶层跨越。出类拔萃的成绩、一流的院校和争强好胜的天性都没有错，而且还有很多益处。但认为这些品质在未来仍将保持唯一重要地位的假设已经受到了挑战。谷歌、苹果和IBM的很多岗位不再要求大学学历。从摩根（J.P. Morgan）到领英（LinkedIn），许多知名企业渐渐不再倾向从"核心学校"（常青藤或类似名校）招聘人才。以前的做法"错过了太多的人才"，而现在应该"重潜力而非出身背景"。现在，合作精神通常是公司在求职者身上最看重的品质。谷歌的氧气计划（Project Oxygen）旨在帮助公司研究出成功管理者的十大技能，他们发现，人际交往技能，如沟通、合作和倾听的能力位列榜首。而整个排行榜中仅有一项是技术能力。[30] 热情积极、求知欲强的人可能很快就能胜过名牌大学的学位。也许变革还没有完成，但未来要求我们对变化的可能性有清醒的意识。我们需要向前看，而不是往回看。

几十年来，关于人类对不可预测性、风险和模糊性的反应的研究告诉我们，我们的大脑并不能永远处于最佳运转状态。当结果不明确时，我们倾向于做出折中的决定。我们喜欢明晰的未来，当环境变幻莫测，充满威胁时，我们身上来自草原祖先的基因会命令我们尽快逃离或展开杀戮。但是，我们并不生活在大草原上，我们的孩子需要想出比战斗或逃跑更复杂的解决方案。在难以想象的未来面前，我们怎样让他们做好准备？

为了回答这个问题，我深入研究了这个困境的核心，也就是不确定性的本质。我研究了不确定性如何影响我们的大脑以及决策过程，尤其是涉及孩子的决策。我研究了不确定性和焦虑之间的紧密联系，以及它们是如何彼此催化的。我回顾了许多咨询记录，并追溯了焦虑、父母过度保护和一种被称为**累积性失能**（accumulated disability）的状况之间的联系。累积性失能指生存技能以及应对、适应和正常生活的能力受损。**习得性无助**（learned helplessness），也就是即便在事实上有能力改变环境，也认为自己无力做出改变。这同样可能与充满焦虑的父母的过度保护有关，这种过度保护正是不确定时代的副产品。

有了这样的认识，就有了前进的方向。心理学家已经开发出了一些有效的策略来帮助我们管理焦虑，建立对不明晰的未来的承受力，并重塑孩子们目前缺乏的技能和能力。我们可以教他们培养乐观精神，鼓励他们尝试新事物，帮助他们将失败重新定义为试错的学习过程。如果我们要真正做到言传身教，为孩子树立榜样，我们自己也需要在情感和心理上做出相应的调整。

为了给父母们提供一份切实可行的技能清单，让他们在未来几十年里为孩子找到最佳的位置，我咨询了身边的教育工作者、心理学家和社会科学家。他们的建议很有启发性，但缺乏现实世界视角，因此我又求助于企业界和军队中的顶尖思想家。这远远超出了我的专业知识和舒适区，与此同时也与惯常的思维不同：将军和首席执行官的目标与父母及教育工作者的目标能有什么共同之处？但我要找的是那些曾经面对过一系列问题的人，他们面对的问题是多维的且不断演变的，而且是用传统的方法不易解决的。这些人有着丰富的实践经验和行之有效的策略可供分享。我也向技术领域的创新者请教专业方面的知识。他们率先掌握了在未来几十年可能变得至关重要的基本技能，比如统计学和数据科学。在不确定性面前，他们所表现出来的好奇和热情，可以为父母提供有价值的指导。

在采访中，这些来自各行各业的领军人物讲述了他们如何走出一条不可能的道路，最终达到这个令人满意的人生地位。他们的旅程都不是一帆风顺的，通常都艰难曲折、充满了坎坷。他们的故事被收录于此，是为了给那些逆流而上却又心怀忐忑的父母提供一些鼓励。

尽管变化和不确定性始终存在，但自从一百多年前开始对儿童发展进行研究以来，有一个事实始终保持不变：父母一直在孩子的发展中发挥着巨大的作用，并将在未来的时代持续发挥作用。尽管父母对孩子的发展有着极大的兴趣，但他们并没有兴趣去了解如何提升作为父母的幸福感。如今，大多数母亲在投身职场的同时，仍把越来越多的时间和情感花在培养孩子上。更好地了解如何减轻她们的工作量，增强她们的幸福感，对降低孩子情绪问题的发生率，减轻母亲们与日俱增的不满足感、挫败感和孤立感至关重要。父亲们越来越多地参与到养育子女的过程中，甚至成为主要看护人，但却没有什么先例或基本的方法来指导和支持他们。现代家庭的组织形式经历了多次变化，面临着复杂挑战。帮助孩子去适应极端变化的环境，就意味着父母要了解如何在适应变化的同时保持自己的健康。我会用一章来讨论这个重要的话题。

如果不仔细审视我们的价值观和社团的现状，在不确定的时代中，就无法完整地讨论如何改变焦虑感和孤立感的状况。我们将在本书的最后一章讨论这些问题。当简单地滑动手机或推特上的一条消息就可以摧毁一个人的声誉或改变一组数据的时候，当某些害群之马和不受约束的技术发展威胁到我们的国家和世界安全的时候，我们必须确信，运用成熟的道德观，我们的孩子有能力面对这些挑战。价值观是在我们社区内培养起来并得到巩固的。我们需要探讨，当我们只关注自己的家庭，而对邻居和更广阔的世界置之不理时，我们会失去什么。我们需要改变这个局面，这样我们和孩子才不至于沦陷于孤立和恐惧，我们所有人才能在这个联系日益紧密的世界里有所作为。当然，我们大部分的努力都是为了照顾自己和家人。但是，如果我们希望孩子可以生活在一个可持续发展且公正的世界中，那么我们也必须承担起全球公民的责任。

勇敢走出育儿新路

《人类思维中最致命的错误》（On Being Certain）一书的作者、神经学家罗伯特·伯顿（Robert Burton）说，未来就像亚历山大·考尔德[1]（Alexander Calder）的一部活动装置："触碰一个部件，所有部件都会动起来。现在想象一下，活动装置有成千上万个部件，每个部件都受到其他部件运动的影响。"无论我们是否愿意生活在不断变化中，这就是我们未来的世界。为了孩子，我们最好学会驾驭世界的随机性，并欣赏它的美妙之处。

未来很可能会为我们的孩子提供非凡的机会，让他们过上比以往任何一代人都更长寿、更多样化、更健康、更富有成效的生活。在让他们为21世纪的不确定性做好准备的同时，我们需要提醒他们和我们自己，这番经历很可能是非同寻常的。当他们向自己的孩子讲述青春时，他们也许会怀着敬畏和感激的心情，因为他们是在这

---

[1] 亚历山大·考尔德（1898—1976），美国著名雕塑家，动态雕塑的发明者。他以手动、风动、机动、直接悬吊等方式使雕塑获得动感，是20世纪最重要的雕塑革新者之一。——编者注

样一个令人着迷而前所未有的时代成长起来的。

对父母们来说，更在乎未来产生的负面效应，而不是它蕴含的积极潜力，这是很自然的。对未知的恐惧和对变化的抗拒在我们的大脑中根深蒂固。这是进化的本能反应。我们该如何解放自己呢？我们首先应该了解大脑是如何处理不确定性的，这样就更容易克服这些本能反应，并以一种全新的、开放的姿态来看待养育孩子的方式，帮助他们为所有可能发生的不确定性、机遇和惊人的变化做好准备。

第二章

在不确定的未来面前,为什么我们会做出错误的决定?

马修是一名 17 岁的高中生,他的父亲是一名工程师,母亲在当地社区大学做兼职教师。一家人都聪明有教养,是社区的积极分子。马修悟性极高,而且极具运动天赋,正在努力争取橄榄球奖学金。但在面对权威时,他的行为有一些问题。他随心所欲的行为让辅导员和校长花费了大量时间与他谈话,这些行为包括在学校墙上涂鸦,或是屡次上课迟到。他的父母时常就此向我咨询,但最终他们认为,他这么聪明有才华,偶尔越轨无伤大雅。

在一个星期六的晚上,我接到了马修母亲一通慌乱的电话,她告诉我她儿子出了车祸,警察在他体内检测到了酒精。他的家人赶到警察局,交了保释金,然后给我打了电话。他们想跟我探讨下一步该怎么办。我深信,因为马修危害社会的行为比较轻微,他可以对自己的行为负责。他的执照毫无疑问将被吊销,他可能需要去做

第二章 在不确定的未来面前,为什么我们会做出错误的决定?

社区服务。他已经没有足够的时间为自己的行为承担责任了。再有不到一年时间,马修将进入大学,那时候就没有可靠的父母帮他善后了。这对他来说,既是坏事,也是好事。我担心,他还没有培养出在管理宽松的环境中所需的自控力。我和马修以及他的父母激烈地讨论了两天,他们最终决定聘请一名律师,并以技术细节为由撤销指控。他们不好意思地把这个决定告诉我,却将原因说得很清楚:"一个错误就可能毁掉他获得大学奖学金的机会。录取情况是如此难以预测,我们只是不愿意冒这个险。"

这个故事所暴露的问题促使我写了这本书:为什么这些聪明而用心良苦的父母了解所有儿童教育的最新研究成果,却在涉及诚实、责任和对错的问题上睁一只眼闭一只眼?马修的父母当然知道让儿子承担行为的后果才是正确的决定,但他们的理智却被一些我难以理解的事情所压倒。是因为恐惧、焦虑,还是羞耻?当然,这并非孤例。父母们仍然会在孩子的聚会上提供酒精,完成他们未完成的作业,放纵偷窃行为,并且为了可能取得更高的分数而容忍他们偶尔服用"聪明药"阿德拉(Adderall)。我们很容易误入歧途,尽管我们深知正确的做法。

我相信,许多不理智的选择是受神经和生物系统以及文化环境影响的,而我们几乎意识不到这些影响。这不仅表现在父母身上,大多数成年人都对那些影响着我们感知威胁、面对不确定性,并做出决定的强大力量十分陌生。

请将这一章看作大脑的使用指南。我将解释那些常在耳畔响起的痛苦唠叨的成因:"我知道她应该多吃点,多睡会儿,多放松,少学习,但是所有孩子都那么做,我似乎改变不了什么。"本章拟先概述一下脑科学的基础知识，并把无意识过程和父母的决策联系起来。关于孩子的抉择总是艰难的，而且我们恰巧处在一个难上加难的时代。我们对大脑在当前条件下的运作方式了解得越多，就越能敏锐地应对各种难题，比如，是选择注重学习的学前班还是选择蒙台梭利式的新教育学校；是选择去全球金融机构实习，还是在当地非营利机构实习。这种难题甚至也包括是让孩子承担非法驾驶的后果，还是帮助他们逃避惩罚。

生活处处是预测

大脑意识的主要目的是做出预测。《智能时代》（*On Intelligence*）一书的合著者杰夫·霍金斯（Jeff Hawkins）解释道："预测不仅仅是你的大脑所做的诸多事情中的一种。它是新皮质的主要功能，也是智慧的基础。"[1] 为了应对不确定性，神经系统会做出预测的反应——也就是说，我们会对环境进行评估，并猜测接下来将发生什么。请记住，大脑的不同区域之间有相当多的功能重叠，而且还有很多我们不甚了解之处。我们不了解的远比我们了解的多。尽管如此，对于不同的环境如何影响我们的思维，尤其是决策，我们已经有了一些认知。

人脑由四部分组成：小脑、脑干、大脑和边缘系统。小脑和脑干负责身体的基本功能，如平衡、心跳和呼吸。我们更关心的则是另外两部分：大脑和边缘系统。它们控制着我们的思维和情绪。

大脑负责更高级的功能，比如语言表达、听觉、视觉和理解信息。前额叶皮层是大脑的一部分，是创造性思维、解决问题、判断、注意力和抽象思维的中枢。这些功能的组合有时被称为执行功能。

边缘系统调节激素、处理情绪、形成记忆，并保障我们的生存。它会激活愤怒、悲伤和恐惧等情绪，也会提醒我们注意潜在的危险，确保我们记住这些威胁，以此保证我们的安全，让身体为逃跑或防御做好准备。它的另一个功能是作为控制攻击性的中继站。[2]

在我们清醒的时候，前额叶皮层和边缘系统每时每刻都在发挥着作用。在这个世界上生活，我们要不断地根据以往的经验和所感知到的威胁程度做出决定。大脑喜欢可预测性，因为如果威胁程度已知，那么无论我们做出什么决定，都比威胁程度不确定时需要更少的能量，产生更少的压力。这个功能曾经保护我们免受老虎的伤害，现在则可以让我们平稳地度过每一天。假设你三点钟去学校接孩子，如果你不知道他从哪个出口出来、你的车有没有足够的汽油开回家、最近的加油站在哪里、加油站接受哪种货币，想象一下你会有多焦虑？这些**不需要**思考也能完成的事情使得我们顺利度过每一天，不会感到过高的压力。

每时每刻，我们都在评估自己所处的环境。当面临选择时，我们会权衡风险和回报。只要环境没有威胁，我们的大脑就会冷静有效地处理信息。但是如果我们在身体上、心理上或社交中陷入看似具有风险的情境，大脑便会将其视为威胁，这时边缘系统就会压倒前额叶皮层，我们则会进入**警戒状态**，这是应激反应的第一阶段。随着能量的激增，我们会心率加快，呼吸急促，血流量增加，完全进入逃跑或战斗模式。这一切往往发生得过快，以至于我们甚至没有完全"直面"危险，就已经像躲避迎面驶来的汽车一样完成了急转弯。

当迫在眉睫的危险过去之后，应激反应系统的第二个组成部分**反抗**就会被激活。皮质醇激素被释放出来，让我们保持兴奋和高度警惕。也许那辆车没有撞到我们，但我们仍然颤抖而愤怒，充满了与司机对抗的冲动。我们仍然关注威胁的来源，即便这时有只大猩猩在街对面跳舞，我们也不会注意到它（常被提及的"看不见的大猩猩"实验[1]恰好证明了这一点）。[3] 冷静下来之后，我们的皮质醇水平下降，前额叶皮层重新获得控制权，我们进入应激反应的第三个阶段：**疲惫**。即便只是某个司机挡住了我们的去路，在威胁中幸存下来也会让我们筋疲力尽。所有这一切都发生在几秒钟或几分钟之内。

对大多数发达国家的人来说，关乎生死存亡的危险十分遥远，而且极少发生。但是对于难民或生活在战乱国家或犯罪猖獗的社区中的人们来说，这种危险司空见惯。也许这就是我们的边缘系统仍然如此敏感的原因。它可能反应过激，而且并不总能成功区分微小的麻烦和实际的威胁。想象一下，你带着15岁的女儿去电影院见她的朋友。结果，她朋友没来。你给这位朋友的父亲发了短信，而他没有立即回复。就这样过了三五分钟。这时，你的大脑就会超速运转。你弄错日子了吗？还是时间错了？电影院地址不对？还是他搞错了？他没回复是不是因为他在开车？你应该把女儿留在电影

---

1 受试者被要求观看身穿黑白衣服的运动员的影像，并精准数出其中身穿白色服装运动员传球的次数，在影像中间，一个伪装成"大猩猩"的人从人群中缓慢通过并停留，有一半的受试者却没有注意到这只"大猩猩"。——译者注

院，还是继续等等，或者再给他打个电话，还是……这样花费在普通又没有丝毫威胁的事情上的精力让人筋疲力尽。你要么等，要么不等，这取决于你对孩子和周围环境的了解程度。但是，当认为某些情况可能危及我们的孩子时，我们往往会在明明可以淡定一点的时候显得过度紧张。在我的办公室里，十几岁的孩子们时常对他们父母的过度反应感到困惑，而不是恼怒。

感觉自己受到威胁时，我们所产生的一连串反应有利于生存，却不一定有利于做出正确的决策。当我们没有足够的信息或经验对风险进行可靠的评估时，或者当我们拥有的信息含混不清时，恐惧反应便会被触发。[4] 驱散恐惧感最好的方法就是迅速做出决定。即使所做的决定不够理想，也可能缓解心跳加速、呼吸急促、高血压和肌肉紧张。在这种情况下，能够让自己平静下来是非常重要的——无论是做几次深呼吸，还是停下来沉思一会儿。

探究不确定性

近60年来，科学家们一直关注着一个问题，那就是大脑如何在不确定的条件下做出决定。来自多个学科的研究人员，包括心理学家、生物学家和行为经济学家，对这一领域都做出了贡献。"多项研究证明，比起不甚稳妥，却可能带来更大回报的选择，人们更愿意在已知因素的基础上做出选择。"[5] 即便完全没有压力，唯一可能损失的不过是一张礼品卡的奖励，研究参与者也始终倾向于已知而非未知的中奖概率，哪怕未知的中奖概率意味着更高的回报。在这个动荡不安的时代，这样的人类反应是理解父母决策的关键。

我们已经看到，**不确定性带来压力**。2016年，研究人员凯特琳·布兰德（Katrin Brand）和马提亚·布兰德（Matthias Brand）对30多项（涉及近64000人）关于压力如何影响人们的决定的研究进行了分析，他们发现，在压力条件下：[6]

我们寻求即时的回报。 我们想尽快缓解压力所带来的沉重感。因此，我们选择了一个可以快速展开行动的选项，即使理性告诉我们，从长远来看这可能是一个糟糕的选择。（"这简直要把我逼疯了。我要做个决定，现在就行动。"）

我们在情况不明时草率行事。 在正常情况下，当我们面临一个细节模糊的选择时，我们会寻求反馈并进行研究。压力迫使我们跳过这些步骤，运用不完整的信息进行决策。而这可能导致选择失误。[7]（"这太复杂了，我还是相信自己的直觉吧。"）

我们掩盖可能存在的缺陷。 我们急切地想要证明迅速决定是正确的，于是把它与高回报联系起来。如果没有压力，我们也许根本不会这样做。（"一切都会好起来的！不入虎穴，焉得虎子。"）

当风险很高而时间紧迫时

决策的另外两个方面与父母尤为相关。它们与不确定性没有直接关系，但在不确定的情况下，我们更可能做出错误的决定。其中一个方面是当遇到高风险且很不常见的事时决策的方式。比如，在事故发生后，选择手术还是物理治疗？[8] 对于父母来说，这类选择可能包括选择在哪里买房，或者选择哪所学前班。研究人员指出，"生活中很少有机会对决策能力进行训练。一个糟糕选择的后果是严重的，而且难以逆转"。在面临高风险决策的时候，人们通常会做出以下反应：

我们轻视或忽略风险数据。无论是评估投资，还是评估住在核废料场附近的风险，受访者都倾向于相信，不好的结果不会发生在他们身上。就像有的父母所说："我知道新手司机上路时不应该让孩子坐在车里。但是他的确开得很稳，而且他只是开一小段路。他不会出事的。"

我们过于关注眼前利益。人们总是很难想象今天的行为在未来将会有什么后果。因此，把孩子送进一所梦寐以求的小学的自豪感，可能会让人们忘记六年内每天远距离接送意味着什么。

我们关注能在情感上产生共鸣的信息。举个简单的例子：《美国新闻与世界报道》的大学排名。到目前为止，我们都知道它们使用的指标有局限性，但是多年的情感投入使得父母们很难理智地看待它，也不愿将其与更有用和更完备的研究数据进行比较。

我们过分依赖社会常规。由于缺乏个人经验，面对一系列复杂和不确定的变量时，许多人都会跟风。"我儿子的数学成绩很好，但这里的每个人都为孩子聘请了数学家教。我不想让他落后，尤其是现在SAT考试即将到来。家教只会有利无害，对吧？"

我们无法决策，只好维持现状。当面对复杂的决定时，人们通常会继续做一直在做的事情。这种倾向被称为"安于现状"。"我知道汉娜玩 iPad 的时间太长了，但她所有的朋友都有一台，如果我把它拿走，她会觉得被冷落了。也许到开学的时候她就玩腻了。"

当时间上的压力陡增的时候，决策过程又多了一道坎。时间压力会让人更加紧张，常常使人们做出草率而不明智的选择。当时间飞速流逝的时候，我们就会加快处理事情的速度，这可能导致我们只获取了部分信息。同时，我们还会根据自己的偏见过滤信息，这意味着我们会下意识地选择想听的内容。总的来说，为了快速得出结论，摆脱不安，我们会变得更加冲动，更加依靠直觉而不是理性。[9]

对现实产生的影响

这一切对父母来说意味着什么？你的妈妈因一个可以促进宝宝学习进步的程序感到非常兴奋，她自豪地向你展示迪士尼的"小小爱因斯坦"视频，相信这将是你的儿子卓越智力发展迈出的第一步。她告诉你，每天早上都要让孩子观看视频。你深知"小小爱因斯坦"已被证明会减缓语言习得。[10] 但你不想让妈妈失望，你很疲惫，而且也许数据有误。你倍感压力，因为她正拿着视频站在你的面前。因此，你放弃了自己更理智的判断，用"小小爱因斯坦"开启了宝宝的早晨。

小学的表现被认为是成功学业生涯的第一步，因此，你把儿子上学的年龄推迟了一年，而没有给他报名适龄的幼儿园。"大家"

都知道，晚上一年学会让他与同龄人相比更具优势，因为他比同龄人年长一岁，更加成熟。但你忽视了（或者从来没有尝试去找）关于晚上一年学的研究，这些研究表明，在幼儿园年纪大的优势随着年级的增长而急剧下降，到高中时就彻底消失了。此外，成为班上年纪最小的学生从长远来看是有好处的，因为年长的同学取得的好成绩，表现出的良好品行，都将成为他学习的榜样。[11]

当你17岁的女儿发狂般跟你说，如果她不在本周邀请朋友们来参加她的生日派对，她的朋友们就会去别的地方，因为在同一天晚上另一个女孩要办一场有酒精和DJ的派对，于是你同意让她在生日派对上也摆上啤酒桶。你告诉自己，在家里喝酒总比在陌生人家里喝酒好。然而你忽视了一件事，有研究表明，允许孩子在家饮酒有引发他们酗酒的风险。

所有这些决定都是在某种外部压力下做出的，而且没有进行足够的调查，因为我们在情感和精神上都过度紧张。当我们没有大量的育儿经验的时候，似乎每一个决定都是复杂、含混、紧迫和关键的。我们常常会陷入恐惧，屈从他人，而这正是影响我们做出决定的两个最大因素。

一个充满风险的世界：父母失眠版

在仔细研究不确定性如何影响父母的决策之前，让我们先考虑一下通常要面对的所有的恐惧来源。

就业 哪些工作会幸存下来？哪些将被自动化？什么样的工作会被外包？哪些工作将变得无关紧要？

科技 人工智能会带来解放还是毁灭？科技是否正在以一种我们无法理解甚至不知情的方式改变社会？

社交媒体 无法控制，而且让人上瘾！

心理健康 所有这些可怕的发病率真的在上升吗？我们做错了什么？

社会保障体系 会有一个这样的体系吗？还是我们都要自力更生？

社会动荡和分裂 司法不平等，种族主义，性别歧视，一个两极分化的国家。

收入不平等 一场零和游戏：我是赢家还是输家？我的孩子呢？

社会孤立 缺乏共同体，缺乏共同的事业。

恐怖主义 境内和境外，网络和核武器。

枪支暴力，校园枪击 政客们不愿意处理这个问题，使得悲剧的发生似乎无法避免。

气候变化 火灾、洪水、干旱、超级风暴、泥石流，我们能阻止这一趋势吗？还是说它不可阻挡？

有些恐惧被夸大了：我们不太可能被国外的恐怖分子杀害（我们更有可能在散步、骑车时出事，也更可能死于食物导致的窒息）。但是许多父母的担忧是合理的。社交媒体和24小时新闻的轮番轰炸使得该担心什么（且要控制我们的恐慌）成为任务本身。我们高估了一些危险，也低估了一些危险。2002年，乔治·格布纳（George

Gerbner）创造了"冷酷世界症候群"（mean world syndrome）一词，用来描述电视上呈现出的暴力如何让观众误以为世界比真实情况更加暴力。20年后，除了电视，还有更多的新闻平台。持续接触令人痛苦的影像会影响我们的大脑，让负面新闻变得更加耸人听闻，引发更猛烈的情绪波动。我们感受到了更直接的威胁，并且变得高度警惕。

管理来自媒体以及各种设备中的海量数据是一项宝贵的技能，但大多数父母还没有掌握它。孩子们是数字原住民，一出生就拥有数字技术和设备，但我们则是数字移民，费劲地理解着根本不可能完全参透的信息。所以我们倍加担心。这份导致失眠的清单只列出了部分情况，每个家长都可以用自身的恐惧来为其添砖加瓦。在这种无休止的焦虑中，家庭生活开始了。焦虑让我们很难去准确评估危险并制订出应对计划。有理由认为，随着焦虑的累积，我们评估风险的能力将变得越来越不可靠。

对孩子独自在户外玩耍的态度的转变，正反映了这一点。家长们不愿意让孩子在附近自由活动，理由是害怕他们被人绑架或遭受暴力。事实上，这两者发生的概率都比从前要低得多。对于美国孩子来说，没有比现在更安全的时候了。然而，人们并不这么认为。正如我们从以上的研究中所看到的，我们对儿童安全此等重要的事情的直觉压倒了深思熟虑的理性分析。

专家的建议呢？

对于过去的几代人，父母们往往依赖几位特定育儿专家的指导。20世纪50年代到70年代有斯波克博士（Dr. Spock），80年代则被贝瑞·布拉泽尔顿（T. Berry Brazelton）和佩内洛普·利奇（Penelope Leach）代替。《孕期完全指南》（What to Expect When You're Expecting）似乎是永恒的经典（1984年，我怀第二个儿子时就读过这本书，而现在我刚怀孕不久的儿媳这几天也读了这本书）。回过头来看，曾经的父母的育儿方式是极为相近的。我清楚地记得，在亚马逊网站出现之前，与育儿相关的书籍在本地实体书店只占据一两列书架。然而，互联网彻底改变了这个情况。

如果缓解不确定性导致的焦虑的方法是获取更多信息，那么为什么现在满坑满谷的信息却不能解决问题呢？主要有以下几个原因。最明显的是，对一般家长来说，过量的信息让他们应接不暇。时间压力则是第二个挑战。每个人都感到时间紧张，所以即使有动力去研究每一个问题，大多数人也没有多余的时间。接下来，还要弄清哪些专家是值得信任的。除了图书和杂志之外，还有无数的信息渠道可以获取育儿经验，从临床心理学家到研究人员，再到妈咪博客，不一而足。在这些所谓的专家中，哪些人有实际的专业知识？此时，确认偏误便会出现——我们会被那些观点与自己一致的人所吸引。

最后一个困扰是，我们所信赖的专家之间缺乏共识。在那些飞速发展的研究面前，比如科技和社交媒体对大脑发育的影响，颇受尊敬的专业人士对表态站队也持谨慎态度。电子游戏对孩子的影响是好是坏？不可避免的回答是，"二者兼有！"如果沉湎其中，影响就是坏的，但如果拿捏适度，就可能是好的（但我们不知道多少才算过量）。同样的道理也适用于亲密育儿法、虎妈家教、放养孩子等教育方式的选择上。

正如我们所看到的,环境越不确定,我们就越焦虑,越想尽快做出决定来结束焦虑。一连串相互矛盾的信息更是加剧了不确定感。然而,我们必须以某种方式评估风险。因此,无论结果好坏,我们往往会倾向于根据个人的经历与身边人——其他孩子的爸妈、老师、教练、高校辅导员——的建议做出决定。这往往意味着我们只是**寻求认同**,并进一步加强自己一开始就有的偏见。

不确定的迷雾

随着孩子们的成长,他们面临的挑战和责任也与日俱增。当他们开始显出焦虑或抑郁的迹象时,父母头脑中各种力量的争夺战就会愈演愈烈。他们绝不愿意拿孩子的心理健康冒险,但是专家们却不认同这种做法:如今的孩子到底是过于娇生惯养还是因太过争强好胜已经不堪重负?他们需要勇往直前还是放松下来?教练说,这个男孩是位天才棒球投手,而为了培养这项天赋你已经掷金数千美元。当你的儿子失去兴趣或表现出要被压垮的时候,你是劝他休息一下,还是鼓励他坚持到底?如果放弃了他还怎么获得体育奖学金呢?还怎么进入那所心仪的学校呢?

随着问题的日积月累,如何做父母的不确定感也在累积。我已经多次见识焦虑对孩子的可怕影响:药物滥用、自残、疾病,在大学一年级时就焦头烂额。家长们固然害怕这样的结果,但似乎也担心另一种结果——因为少了几个学分而与成功失之交臂,错过进入一流学府的机会。教练、其他孩子的家长、高校辅导员，也许还有祖父母们形成同盟，都更希望孩子前进而非后退。面对如此多的利害和未知的未来，父母们无法准确衡量风险与回报。父母们难以清晰地认识到，即便孩子们的成长道路偏离社会的成功标准，也有可能获得长远的收获，他们可以学会勇于表达自我，抗争既定的现状，阐述观点，对其他选择进行调查研究，并因此获得能动性。所有这些技能都会为孩子带来好处，至少，他们的收获不会比在高中棒球队打一个赛季少。

有时是孩子们自己把情况弄得一团糟。我想起了一位热情投入辩论队和"模拟联合国"的高中生。她的父母带她来找我，尽管她口才很好，还是个优等生，但她的情况显然不太好。她饮食过量，体重不断增加，背部疼痛，经常生病，总是流泪。她并没有崩溃到需要住院或者药物治疗的程度，但她的身体状况已经足够让父母担心了。

这个女孩拒绝缩减她的活动或工作量。她向我和父母讲述顶尖学者必须做出的牺牲，而且她提醒我们，如果她退出"模拟联合国"，她将无法参加在费城举行的年度会议，（她认为）这将会影响她被梦寐以求的学府——宾夕法尼亚大学录取的机会。她恳求我们允许她继续这些活动，最后，父母同意了：孩子身体出现的不良反应尚在忍受范围内，并不比叫停这些活动的潜在损失大。

这个孩子的父母，就像我认识的大多数人一样，对女儿的决心感到肃然起敬。她的竞争精神似乎比他们的那些担忧更有价值。不可否认，他们的女儿很有学术天赋，工作热情也令人钦佩。但是，她的进取心是不是父母和学校鼓吹的"大学至上"价值观内化的结果？也许她真的是与生俱来的竞争者。有很多孩子能够在巨大压力和极度苛刻的时间安排下应对自如，甚至可以极有作为。但是，当孩子表现出明显的痛苦迹象时，我们需要从他们激烈的游说中退后一步，看看他们的工作量和热情可能产生的所有后果。身体出现症状通常是孩子不能很好地应对压力的第一个迹象。我们必须记住，无论是孩子的压力，还是来自社区或者文化的压力，屈服都不是我们最好的选择。不要回避不同的观点。没有人比你更了解你的孩子。你的首要任务是保护他们的安全，这包括他们的心理健康。

这个女孩的父母有一个常见的误解，即青少年的不良习惯在以后的生活中很容易改变。环境可以从根本上扭曲我们的观念。一位在亚特兰大的父亲告诉我，"缺乏睡眠或者情绪不好都可以在日后弥补，但你无法补救糟糕的日常成绩和考试分数"。研究者们掌握的每一项证据实际上都与此观点相反。对于疲惫不堪、情绪低落的孩子来说，未来状况也并不理想。你总是可以再参加一次SAT或者有机化学考试，但是如果想要学会从前应该学会的生活技能，或是想从药物滥用或精神疾病中恢复，却要困难得多。

不幸的是，孩子们接受了父母的错误观念。他们也认为自己以后可以弥补情绪方面的问题。一位精神病学家朋友告诉我，曾经有位高三学生的父母带他去治疗拔毛癖。这个年轻人向我的同事保证："我一进我爸爸的母校，就不会再揪头发了。"这是不可能的。扭转糟糕的应对问题的方式是一件棘手的工作。就像生活中的很多事物一样，培养良好的应对技能需要练习。

不仅是AP课程（大学预修课程）和繁重的课业会损害青少年的健康，体育、音乐、竞赛和其他孩子们热衷的高端活动也可能会带来负面影响。家长们总是高估这些对孩子未来成功的作用。在高中时期，父母的看法并不会改变——每个人都希望孩子去追求他们的梦想。当一个孩子喊道，"我的未来就靠这个了！"我们可能会相信他的话。如果周围的环境告诉我们，让孩子离开社团、团队或者课堂是一个危险的决定，那么，那些在外人看来更为明显的危险信号——饮食失调、频繁哭泣、健康状况不佳，便很容易被忽视。

认知失调

如果不确定性让我们感到不适，那么当我们做出糟糕的决定，并且越来越多的证据表明我们可能错了的时候，就会导致认知失调。认知失调指的是，当我们陷入态度冲突、信念抵触或行为矛盾的情境之中时，便会萌生不适的感觉。认知失调是为人父母的常态，因为作为父亲或者母亲的你常常会被相互矛盾的信息裹挟。

我们可以以多种方式来减少信息与观念不一致导致的不适感。让我们以一个父母们的共同烦恼为例，即过度劳累的孩子睡眠不足。我们可能会这样缓解因纵容孩子熬夜学习而产生的压力，尽管我们知道睡眠不足对孩子不好：

我们通过挑战相互矛盾的信息来为自己的行为辩护："八小时？九小时？十小时？所有这些睡眠研究都相互矛盾。还是等有更多研究再说。"

我们通过增加与自己信念一致的新认知来为自己的行为辩护：

"我朋友的孩子每晚只睡六个小时，但他表现得很好。"

我们寻求与自己现有信念一致的信息，并对相互矛盾的信息提出挑战："一两片'聪明药'阿德拉不会伤害任何人。听说军方飞行员用这个来保持清醒和警觉。孩子表现出色，这才是最重要的。"

只要稍稍冷静看待背后的世界观，我们就会更容易确定哪个才是正确的选项。我想明确的一点是，这是一个很棘手的问题。不仅仅是因为父母需要不断地做出各项决定，同样重要的是，父母个人的生活节奏已经快到了难以做出明智决定的程度。当我为孩子和自己的工作感到焦头烂额的时候，一位精神病学家同事给了我最好的建议："把问题留在第二天解决。"30年过去了，我仍然在这样做。

孩子通过观察父母来学习如何做决定

父母们日复一日地做决定，而孩子们在潜移默化中学习他们。一开始，孩子们一切都依赖于我们，通过观察我们的行为和习惯，他们练习如何做决策。他们对家庭的权力结构很熟悉，就像我们在他们这个年纪时一样。如果想要在家休病假，该去问爸爸还是妈妈？星期五晚上去朋友家该问谁？购买新的电子游戏又该问谁？哪个家长更容易冲动、更容易有负疚感、更容易喜怒无常、更容易受到影响？当你面对每天的各种选择时，你的孩子通常比你更早知道你的反应。他们通过观察你在犹豫不决时的行事方式，学会如何权衡选择；通过观察你对当前事件、意外要求以及不愉快事情的反应，了解到人都在焦虑什么。

　　许多父母在关键的选择上不征求孩子的意见，所以孩子只是旁观者，他们根据家庭的沟通方式获得决策能力。你是经常在他们面前讨论问题，还是通过短信或深夜聊天这些孩子看不见的方式解决问题？讨论是否经常演变成争吵或者权力斗争？虽然许多父母都希望教育孩子学会礼貌和分享，但决策的微妙过程往往会被忽视，因为决策既复杂又耗时，而且我们也不希望与孩子再发生额外的冲突。

　　一旦父母做了与孩子相关的两难决定，或者做了明知道孩子会反对的选择，他们使用的常见策略就是将决定交给某个"更高的权威"，以避免孩子的愤怒。"你的教练说，你需要在周六进行训练。""奶奶花钱供你参加夏令营，她想让你学学打高尔夫球。""我已经和你的法语老师谈过了，他肯定你能把四年级的法语搞定。"把别人的观点考虑进去没有错，但最终，这些决定应该由我们做出，某种程度上也应该让孩子参与决策。如果是我们的观点起决定作用，就应该承认这一点。不想为不受欢迎的决定负责任，这样的伎俩已经被孩子看穿。理想情况下，我们应该有能力去解释决定背后的理由。（但是面对他们的反对意见，我们不需要无休止地为自己辩护。）我们的孩子是否同意并不是重点。重要的是，通过言传身教我们教会他们如何做决定，以及如何向他人做出解释。当20多岁的年轻人仍然觉得有必要在社交媒体上谈论如何做"大人说的该做的事情"时，我们可能已经错过了太多让孩子参与他自身成长的具有挑战性的机会，其中就有做出艰难决定的机会。

　　随着我们在应对不确定性及其引发的焦虑时越发得心应手，就可以在更恰当的时候让孩子了解决策的全过程：当我们做出决定时，把想法说出来，征求他们的意见，并对如何解释、如何安排待办事项的轻重缓急、如何权衡信息进行现身说法。我们也可以从很多学校都相当重视的"社交和情感学习"（SEL）项目中得到启示。孩子在学习如何运用自己的大脑的同时，也在学习自我意识和情绪控制方面的知识和技能，而我们也应在同样的事情上做出努力。父母和孩子都需要深吸一口气，冷静下来。

预测失误和小差错是学习的机会

本章的大部分内容都聚焦于不确定性带来的不适和危险。但是它也有积极的一面，因为**当预测失误的时候，大脑得到了最佳的锻炼**。这就是所谓的预测误差信号。正是在预期和实际情况之间的灰色空间里，我们获得了新信息，做出了新的推论，并得出了新的结论。在"出现失误"的时候，我们有机会重新思考问题，挑战原有的假设，考虑替代方案，并朝着正确的方向迈进。

不妨设想一下：人生的一个主要目标即是能够对未来的事件做出准确的预测，以便未雨绸缪，高效地适应变化。当变化的速度像今天这样快的时候，让孩子适应变化的最好方法就是帮助他们适应预测误差。那些把失误看作是学习和再次尝试的机会的人，将最迅速地找到新的解决方案。（正是这样，我们的孩子变得更加坚韧。）那些一旦犯错就停滞不前、惊慌失措的人会发现自己很难适应变化。

曾经有一个6岁大的孩子在我的办公室里拼难度很高的拼图。我担心她会因为屡次失败而沮丧，便问她是否需要帮助，她不假思索地答复我："不，这太好玩了。"我当时就想，我要一晚上都待在办公室里，看着这个热情又自信的孩子完成拼图游戏。事实上，她没花多久就完成了。她不畏惧犯错，这一点让她能飞速学习和进步。

这就是为什么雇主会如此看重承受失败和从失败中吸取教训的能力。如果没有失败，我们就会墨守成规，故步自封。在企业发展过程中，专注于单一产品可能会成功，但在不断变化的环境中，这却可能是最糟糕的策略。从便利贴到青霉素，从喷墨打印机到X射线，一切都曾经是个"错误"。从事这些项目的人一开始都志不在此，但是在犯错误的过程中，他们看到了这些事物的其他用途。当今时代的一个好处是，企业积极创造条件以激发这些意外的发现。许多公司，比如丝芙兰、宝马和3M，都为他们的员工提供了"非结构化"或"创新"的时间，鼓励他们从事未经实验的副业项目。当谷歌允许员工每周有一天的时间去追求自己的理想时，谷歌邮箱（Gmail）和广告联盟（AdSense）诞生了。拥抱不可预测性不只是感觉上不错，而且是经过验证的实践方法，对不确定性的追寻可以带来进步和成功。

小结：不确定性与父母的决策

为孩子的事情做决定从来都不是一件容易的事，大脑处理这些事情的方式和处理所有决定的方式是一样的：利用过去的经验来权衡风险和回报，并预测结果。但是在今天，过量的信息和快速变化的环境导致更多的决策落入"不可预测"的范畴。大脑将不可预测性视为一种威胁，这使得神经系统做出反应，要求我们迅速做出决定，以减轻来自威胁的压力。我们会自然而然地求助于熟悉的标准来权衡风险和回报——比如倾向于维持现状，或是屈从于文化压力和直觉。这些并不是最佳决策指南，因为它们是基于过去的经验形成的，而我们的过去很可能与孩子的未来大不相同。

关于父母的大脑的最后一点观察是，我相信，生活中的不确定性，以及过度接触国内外的负面消息，都极大地削弱了我们承受焦虑的能力。我们就像创伤受害者，校园里每一个谣言和突发新闻都会导致我们神经紧张。我们没有足够的能力来冷静地吸收它们。我们仿佛每天都要经历几次轻微的应激反应，我们感到警觉、抵抗、疲惫，却几乎没有恢复平静的时间。这也是为什么来找我咨询的父母们最常用的词是"不知所措"。同时，我们也不太善于承受孩子的焦虑。这导致了一连串的其他问题，这一点将在下一章阐述。通过了解大脑如何驱动我们对环境做出反应，我们可以克服恐惧，并不再抗拒改变。时代要求我们制订一套更加灵活的应对措施，培养我们和孩子的好奇心和热情，而不是对未来感到焦虑。

第三章

过度保护的真正危害

> 和朋友们一起走路上学本来挺好的,但后来我的爸爸妈妈读到关于全国各地犯罪的报道,就说我不能再那么做了。现在他们开车送我上学。
>
> ——一个10岁男孩

大多数人都明白,我们生活在一个快速变化且充满不确定性的世界。如你所见,这加深了我们的焦虑,影响了我们解决问题和决策的能力。为了彻底消除不确定性对我们思维的负面影响,我们需要对焦虑有更全面和细致的理解。焦虑是如何影响我们的?我们的焦虑是如何影响到孩子的?我们能做什么来更好地应对焦虑,使我们不仅能承受焦虑,还能从焦虑之中吸取教训?

儿童的本能是逃避让他们害怕或焦虑的事情,但如果一直逃避,就无法培养勇气和竞争力。**逃避是应对不确定性的最坏方式**,因为如果可以拥有承担风险、快速适应并自如地与新朋友相处的能力,你就不会陷入极度焦虑了。

焦虑的父母和焦虑的孩子之间的联系

在过去的一年里,美国有近五分之一的成年人患有焦虑症,有将近三分之一的人或早或晚会被焦虑症困扰。[1] 在 13~17 岁的青少年中,三分之一的人在过去一年中与焦虑作斗争,8.3% 的人有严重的精神障碍。[2] 虽然没有人能够得知导致焦虑症发病率上升的所有原因,但大多数专家认为,这个动荡不安的时代是导致焦虑增多的原因之一,智能手机和社交媒体则加剧了焦虑。正如亚历克斯·威廉姆斯(Alex Williams)在《纽约时报》(The New York Times)上所写的那样:"流行病学家认为焦虑是一种身体病症,但这种疾病现在看起来也像是一种社会学病症:一种以危言耸听的电视画面为传播源,通过社交媒体蔓延的共同文化体验。"[3]

除了加剧焦虑的文化因素外,我们的基因构成也起了一定的作用。有些成年人天生大胆,有些人却天生小心谨慎。同样,有些孩子积极探索世界,似乎无所畏惧,另一些孩子只要离开妈妈身边就感到孤立无助。研究表明,有 30%~40% 的焦虑症风险是由遗传因素决定的。[4] 但是易患焦虑症的遗传体质并不意味着未来不可改变,无论是好是坏,环境总是和基因密码一起发挥作用的。

父母的焦虑和孩子的焦虑之间还存在着另一种联系。**焦虑的父母更无法忍受孩子经历烦恼,这使得他们会尽量避免让孩子不开心。**在某种程度上,所有父母都会这样做,但是焦虑者会更经常如此。

无论对孩子还是父母来说，童年都是一段不同寻常的发现之旅——有些令人愉快，有些令人焦虑。承受孩子闯荡世界而引发的焦虑需要耐心、自我控制和情感激励。当这些储备不足的时候，我们便会觉得有必要让自己的焦虑立刻打住。吉娜是个新手妈妈，她三个月大的孩子晚上哇哇大哭，使她忍无可忍。吉娜的母亲告诉她让他哭个够，但她做不到。尖叫声刺激着她的每一根神经，所以，她会在孩子发出第一声抗议时就抱起他，摇晃着哄他在怀里入睡。孩子和吉娜都不难受了。但在这个过程中，小宝贝没有学会安抚自己入睡，吉娜也没有学会忍受他轻微的不适。如果我们不学习承受，孩子也无法进步。

这是一把双刃剑。在那一刻，孩子会感受到爱与支持，但随着时间推移，日积月累，却会对孩子产生有害的影响。比如说，你小时候骑自行车摔得很惨，于是你并不急于让你的孩子骑自行车——也许他会摔倒，并且 30 年后还念念不忘。为了确保悲剧不会重演，你迟迟不同意他购买自行车的请求。这也算一举两得，你相信自己为儿子避免了潜在的危险，躲开了一段令人焦虑的经历，同时你也不会再想起跌倒时的恐惧。但这样一来，你非但没有帮助孩子培养勇气和处理问题的技能，反而在无意中助长了孩子的恐惧和犹豫。

当我们想保护孩子的时候，我们往往会想到（就像面对迎面而来的汽车一样）拯救他们或者保护他们免受（网络色情或同学的刻薄言行）伤害。当然，这些都是重要的保护方式。但是为孩子提供持久的保护却需要更长远的眼光。真正持久的保护是循序渐进地建立起来的，它们是孩子对自己身体、心理和社会性进行探索性使用时所获得的能力。父母可以敏锐地理解孩子的感受，这不失为一件好事：孩子和父母之间能够感同身受，这对心理健康的发展和同理心的培养至关重要。但对孩子的焦虑过度敏感，却没有任何好处。这种过度焦虑的养育方式往往根深蒂固，很难改变。但是让我们来看看，这种过度反应会带来什么意想不到的后果。

在我的工作中，我看到青少年经常遭受"累积性失能"的折磨：他们缺乏生活的基本技能，无法应对问题，无法适应环境，也无法正常工作、生活。这是父母多年来过度保护的结果。在孩子成长过程中出现正常的焦虑情绪时，家长选择庇护他们。这在任何时代都令人遗憾，但在今天却会真正威胁年轻人的生活。因为只要对未来二三十年稍有了解就会知道，自给自足，冷静面对变化，热情迎接挑战，才是迎接未来生活的必备技能。

关于西奥的故事的警示

我与许多病人的第一次见面是在他们的中学时期。据他们的父母说，开始一切都还算顺利，然后，也许课业加重了，也许是孩子转到了新学校，他或她突然表现出了严重的失调症状。但这一切不会凭空爆发，失调背后总有一个故事，往往需要几次治疗才能了解。

妈妈带着12岁的西奥来见我。据她回忆，西奥早期的每一个发育阶段都很健康。她是一个全职妈妈，西奥没有上过托儿所，但他们一起参加了"妈咪与我"小组和其他类似的活动。他是个乖宝宝，性格相对温和。开始上幼儿园的时候，他表现出了一些分离焦虑：早上他不想上学，父母不得不把他死死抓住汽车座椅的手指掰开，把他抱进教室（在那里，他不是唯一一个在父母怀里掉眼泪的孩子）。西奥的反应并不罕见，他的父母于是放心了，经过几周的痛苦之后，他适应了幼儿园的生活，一切都平静了下来。

三年级时，西奥8岁，他再次表现出与学校相关的焦虑。他在同学中间越来越害羞，却不想向父母坦承这一点。他早上磨磨蹭蹭地走出家门，嘟嘟囔囔说自己累了或病了。一天快结束的时候，他经常待在医务室里，不是头痛就是胃痛。西奥恳求学校的护士不要给父母打电话，坚持说自己只是需要休息一下，很快就会好起来。父母知道对他们的儿子来说，学校经常是一个挑战。然而，在片刻的放松之后，他一般都能重返课堂。

大约在同一时间，西奥开始入睡困难，所以他的父母开始轮流陪他入睡。他们想，既然他白天已经不好过了，怎么能让他晚上一个人睡，而不去给他安慰呢？这个家庭就这样跌跌撞撞地走过了三年级，然后是四年级。没有人建议带西奥去看心理医生，因为没有人知道家里发生了什么。虽然许多父母都会和婴幼儿一起睡觉，但在我们的文化中，和8岁的孩子一起睡觉很少见，他们也不愿意向朋友或家人提起这件事。虽然他们带西奥去看了儿科医生，治疗他的身体问题（头痛和胃痛），但他们并没有提到睡眠问题和他之前的分离焦虑。

到了五年级，西奥的焦虑更加严重了。关于中学的谣传让他感到害怕：拉帮结派、欺凌和与成年人块头一般大的八年级男生。他害怕上学，无论谁和他在一起都睡不着觉（父母只好认命，给他买了一张更大的床)。西奥频繁地在半夜起床上厕所或喝水。他睡眠不足，神经紧张，他的父母忧心忡忡，深感内疚。他们能做些什么来帮助儿子呢？这个可怜的孩子有那么多的家庭作业，对成为好学生感到高度焦虑。西奥的父母一开始只是想"帮"他做作业，到最后他们却发现自己做了大部分功课。

这就是他们最终来到我办公室的原因。西奥的妈妈问我，是否可以将他诊断为学习障碍，这样他就可以有更宽裕的时间完成作业和参加考试。他的父母无法想象西奥还能继续完成中学学业，而且他们可能是对的。他应付不了正是因为他没有练习过自己睡觉、安排时间或独立完成作业。这便是累积性失能：父母出于好意保护孩子，却导致或者加剧了孩子的高度焦虑和无能。

西奥的父母非常苦恼："他未来有没有可能顺利完成学业？我们做错了什么？我们还能做些什么呢？"他们非常难以接受的话就是"你们要少做一点"。

让父母放手往往极具挑战性，因为当他们向我寻求帮助的时候，为了减少孩子的压力，他们已经在变换家庭的生活方式上投入了大量精力。相对应地，孩子应对焦虑的能力也非常有限。在西奥家，日常的事务变成了紧张的程序仪式：西奥晚餐想吃什么？要吃甜点吗？他什么时候需要帮助？睡觉前他想玩什么游戏？让西奥的生活变得更加轻松成为这个家庭的全部关注点，实际上他的生活却变得更加举步维艰。他的父母越是迎合他，他就越感到脆弱和紧张，这让他的父母更加焦虑，所以他们更努力地照顾他的需要。

在对西奥的治疗过程中，我经常会想："要是儿科医生再多问他们几个问题，或者他们曾提到持续的失眠问题和分离焦虑，或者西奥的父母在他 8 岁而不是 12 岁时来寻求帮助就好了。"四年对于孩子来说是很长一段时间，而且焦虑症在幼儿身上更容易治疗。在青少年中，这些问题更加根深蒂固。到了 20 多岁，情况就更糟了。这并不是说他们无法被治疗，他们可以，只是会更困难，也需要花费更长的时间。

父母与孩子同时接受治疗

西奥的父母本来应该怎么做呢？最直接的回答是，他们应该帮助他直面恐惧，而不是帮他逃避那些让他焦虑的事情。对父母来说，这说起来容易做起来难。但是，在昔日对孩子们大喊"活得像个男人"的父亲和如今陪着五年级孩子入睡的父母之间，一定有某个更好的方法。

在保护孩子免受威胁时，我们的过度保护，无意中使他们更加脆弱。我们对孩子的事情进行干预，都只是暂时平息他们的焦虑，然后再使焦虑加剧。我们的焦虑也是如此。支持这一观点的研究表明，当患有焦虑症的儿童的父母和孩子一起接受治疗时，孩子们的表现要比单独接受治疗时好得多：77% 的患者病情有所改善，相比之下，父母不参与治疗的孩子只有 39% 得到了改善。[5] 遗传无疑在焦虑症传播的过程中扮演着重要的角色，但是焦虑症父母典型的养育方式也是一个很大的风险因素。

以下是避免焦虑养育的方法：假设你的女儿害怕狗，和她一起散步时，你看到街对面有一只狗。你可以牵着她的手，穿过街道，与狗的主人交谈，询问宠物是否友好，伸出你的手让狗嗅嗅，摸摸它，最后问问你的女儿是否愿意摸摸狗狗柔软的毛。如果你这样做的次数足够多，特别是如果你认识了几只狗和它们的主人，你的女儿很可能会摸摸狗的皮毛，逗逗它，并克服部分或全部恐惧。这种通过增加对焦虑源的暴露，以达到克服焦虑的方式，临床术语叫渐进式脱敏（progressive desensitization）。我们将在第五章对这个问题进行详细探讨。我教给父母和孩子一条准则："不要躲避狗狗"，以帮助他们记住暴露在焦虑源下的重要性。而改变行为需要许多遍的练习。

另一个选择是留在街道的这一侧。如果这样做了，你的女儿（和你）会暂时松一口气。但除了逃避，你们并没有学会如何克服恐惧。女儿无法练习如何勇敢，也无法体会战胜恐惧的感觉。但故事还没有完：想想你自己的反应。现在，每当你和女儿看到一只狗，你的焦虑就会激增，因为你预见到了她的恐惧。如果你穿过街道，然后抚摸这只狗，你和孩子都有了同样锻炼的机会：你们承受了焦虑，培养了能力。

一位朋友给我讲了一个故事，说明了这种互动的另一面。在她成长的过程中，她每年都和家人一起飞到全国各地去探亲。成年后，直到30多岁她才再次和母亲一起乘飞机旅行，这是她们头一次以两个成年人的身份一起乘坐飞机。起飞时，妈妈突然抓住了她的手。

"怎么了？"我的朋友问道。

"我害怕坐飞机。"她妈妈向她坦白。

"你在开玩笑吧！我从来都不知道。"

"我不想让你也跟着害怕。"妈妈的方法奏效了。女儿拍了拍妈妈的手，她想起在年幼时的每一次飞行母亲都表现沉稳，她对此表示感激。母亲可能早已意识到，尽管对飞行感到紧张，但如果还要应付一个惊恐的孩子，情况会更糟。日常生活中的大部分压力未必这么黑白分明，但是当我们意识到控制焦虑对每个人的情绪都有好处时，就会改变自己的行为方式。

我们都需要调整自己的行为，以防止孩子从正常的焦虑转变为焦虑症。在每个年龄段，我们都应该坚持用勇气来应对焦虑。焦虑是成长的一部分，但正常的焦虑应该与挑战成正比。对花生过敏的孩子对食物中的花生感到焦虑，这是可以理解的，因为那可能会危及生命。如果一个孩子因为要睡别人的床而拒绝去朋友家过夜，这便是对成长过程中必要挑战的过激反应。许多孩子对在外过夜感到焦虑，尤其是刚开始的几次。因此，作为父母，我们要教会孩子合理地评估风险，以及承受焦虑的价值。这才是在真正意义上为孩子提供支持。

说到管理孩子的焦虑，这一代父母和上一代父母之间存在着有趣的差别。过去，大多数父母凭借自身的经验和知识将自己视为孩子的导师。他们将驯服孩子的恐惧、焦虑、粗鲁或冲动的本能视为理所当然。然后，在20世纪70年代的某个时段，育儿专家和心理学家的流行说法发生了转变。有人从理论上加以论证，他们认为孩子们的天性也许是好的。让婴儿自主断奶，让蹒跚学步的幼儿在"做好准备"时学习自己如厕，让大一点的孩子选择食物成为流行的教育方式。20世纪七八十年代出生的父母小时候几乎都经历过被强迫吃不喜欢的食物，因为正如他们的父母所说的，"非洲有很多孩子正在挨饿！"所以他们不希望自己的孩子再被迫吞下讨厌的食物。然而，40年后，我们发现自己对这种理论的理解过于表层。父母成为本能的满足者，而不是驯服者。

为了让孩子为未来做好准备，保护他们免受不可预见之事的挑战，我们必须和他们一起学习如何克服本能的恐惧，承受焦虑——不论是哪方面的焦虑。不具备任何技能对孩子来说是不公平的。我们做父母的已经具备了谋生、建立人际关系以及养家所需的技能，但我们的孩子却没有。如果我们让自己的焦虑阻碍了孩子成长为勇敢而有担当的成年人，那才是真正将他们置身于危险之中。

播下焦虑和逃避的种子

焦虑症通常出现在6~10岁之间，也就是在生命早期出现征兆。在孩子忍不住说"我再也不想上学了"，或者因为焦虑而割伤自己之前，就已经有了预警信号。由于我们想保护他们，早期的预警常常被忽视。我们把孩子带到街对面，以避开那个讨厌孩子的暴躁邻居；我们告诉孩子："那个派对让你不开心吗？你不必非得去。"孩子说完"这让我感觉糟糕！"，家长就会说："让我帮你避开这件事！"逃避的弊端还没有得到充分研究。但我们应该对其给予关注，因为童年焦虑是青少年焦虑的前兆，而青少年焦虑是成人焦虑的前兆。

至于那些没有被注意到的逃避情况，作为三个孩子的母亲，我家中诸如此类的情况也很多。我相信，你在自己家里也能找出不少。下面所描述的任何一种情况都不一定会使孩子患上焦虑症。我们需要注意的是处理焦虑的方式。正是因为我们一次又一次屈服于孩子的焦虑感，他们才会缺乏应对问题的能力，而这正是焦虑症的表现之一。

睡眠

当我的大儿子晚上睡不着的时候，我会陪着他直到他睡着为止。问题不在于陪伴孩子入睡，而在于以减轻他们或你自己的焦虑为目的陪伴入睡。同样值得指出的是，尽管西方文化是多样的，但和4岁以上的孩子一起睡觉通常被认为是不正常的。（为了本书的诚实性，我承认我最小的孩子在4岁以后还经常到我们的房间来，睡在我们床旁边的被子里。他现在已经长大成人，是我所认识的最无忧无虑的年轻人之一。我过去常常安慰我的丈夫，"没有哪个孩子在上大学时还会睡在父母的房间里"。我将这个例子放在这里只是为了强调，没必要事事按照教科书演练，在一个健康的家庭里，父母的失误通常并不会造成任何严重的后果。）现在回想起来，使我不能忍受的主要原因是疲惫，而不是对焦虑的极度敏感。我们需要清楚自己行为背后的动机是什么。

美国儿科学会（American Academy of Pediatrics）建议，不要在婴儿期与孩子睡一张床，研究表明，这样做会增加婴儿猝死综合征（SIDS）的风险。2017年的一项研究表明，婴儿从出生到一岁期间共用房间（但分床睡）不会增加婴儿猝死的概率，但"在婴儿4个月和9个月时共用房间会导致夜间睡眠减少，睡眠总时长缩短，养成不安全的睡眠习惯"。因此，虽然共用房间会让父母睡得更安稳，但对孩子来说并不一定更好。

在学会如何安抚自己之前，每个婴儿都会有哭闹的状况。有些孩子在白天小憩或晚上入睡时会陷入完全的恐惧之中。然而，在2~4岁之间的某个阶段，孩子应该学会每晚独自入睡，偶尔几个晚上可以例外。在这个年龄后拒绝独自入睡是潜在焦虑症的最早迹象之一。这也是一个将问题消灭在萌芽状态的机会。"我需要你和我一起睡，我不能一个人睡"是小孩子常有的抱怨。不幸的是，它经常导致更多的"不能"："我不能睡在我朋友家，我必须睡在我自己的床上。""我不能去那个睡衣派对，那张床一片狼藉。""我不能外出宿营，床上会有让人毛骨悚然的爬虫。"如果是这样，等长大以后他们就会说："我和我的室友不熟，我不想在宿舍睡觉。"

饮食

孩子们可能会挑剔又暴躁。他们会一口咬定他们讨厌某种食物，如果不得不吃的话，就会呕吐。晚饭时间到了，父母度过了漫长的一天，已经筋疲力尽。孩子到底是在操控家长，还是对某些食物特别敏感？最后，解决方案是一样的。应对焦虑症的办法是接触焦虑源，而对付操控行为的办法，则是拒绝被操控："这就是我们今天的晚饭。你想吃什么就吃什么，不爱吃的就剩下。我不会做别的了。"

父母的反应至关重要。我有一位来访者，他9岁的女儿不喜欢"调味汁"，所以每次她去朋友家的时候，妈妈都会打电话要求不要给她吃带调味汁的东西。于是她既没有机会接触焦虑源，也不会再被邀请去吃晚饭了。

有时你会窥见其他家庭在饮食上的矛盾。一位母亲告诉我,她为她7岁的儿子和几个小伙伴举办了一场过夜聚会。凌晨一点左右,她和丈夫听到有人在敲卧室的门。一位名叫亚当的小客人喊道:"我要吃烤面包和果酱。"这位母亲让他回去睡觉。他威胁说,如果他吃不到夜宵,就给自己的妈妈打电话,让她来接他。这位母亲尽管非常生气,却答应了他的要求。当他们一起坐在厨房时,亚当告诉她:"我一有压力就要吃东西,一到晚上我就想吃烤面包。"

因为我们很难确定孩子拒绝某种食物的动机,也担心他们得不到适当的营养,所以吃什么的困境对父母来说尤其令人焦虑。当我们疲惫不堪的时候,说句"好吧,我给你做个汉堡"是容易的,但是屈服于孩子不合理的要求(只吃淀粉类食物,不吃绿叶菜,不吃口感不好的食物,不吃调味汁),可能会比偶尔让他们饿着肚子睡觉,造成更严重的伤害。他们不会营养不良,却更有可能最终患上饮食失调。如果孩子无法在餐桌上找到自己偏爱的食物,他们一般就能改掉挑食的习惯了。从长远来看,这样做对孩子并不过分。

使用洗手间

另一个常见问题是拒绝使用外面的洗手间。这样的情况往往是从不愿意使用餐馆的洗手间开始的,于是全家人不得不把食物打包离开餐馆。这种行为可能会延伸到不去朋友家、亲戚家或公共的洗手间。这既可能是社交焦虑的迹象,有时也可能是强迫症的表现。如果这些孩子从不在不同场所使用厕所,结果可想而知:玩耍时间缩短了,外出活动受到限制,当孩子开始上学的时候,他可能一整天都不解手。焦虑于是开始影响他的身体健康。如果孩子总是拒绝使用公共厕所或朋友家的洗手间，则表明他的焦虑压倒了学习应对技巧的能力。你可以让孩子参加几次擅长脱敏的治疗师的治疗，或者如果你的孩子还小，你也可以直接向治疗师学习脱敏的方法（相信我，"脱敏"并不是高深的科学），这有助于避免他将来在露营或上大学时出现更大的问题。在第五章，我会给大家上一堂关于脱敏的技巧速成课。

和朋友一起玩

和其他小朋友约在一起玩是练习承受各种潜在焦虑诱因的契机：无论是房子、父母、孩子、兄弟姐妹、习惯、礼仪、食物、玩具、卫生间，也许还有保姆，都是不同的。难怪有些孩子有点担心："我更喜欢在自己家里玩。"而许多家长都乐意答应这种请求。（我就是其中之一。我从来不认为这是一个能引起焦虑的问题，我只是喜欢让所有的孩子都在家里，和他们一起玩耍，给他们做东西吃，偷听他们闲谈。当你是三个爱打闹却不爱说话的男孩的母亲时，一言一语都是无价之宝。）

当一个孩子更喜欢在自己家里约小朋友玩的时候，并不意味着出现了什么问题。但是，他错失了学习如何以轻松心态面对焦虑，如何认识并且挑战焦虑的巨大机会。社交焦虑是青少年和儿童的一个大问题，它的产生通常被归咎于社交媒体、短信和游戏。此外，那些鼓励孩子只在自己家里约小朋友玩的父母同样是造成问题的原因之一。你的孩子需要接触的不仅仅是其他孩子，还有不同的环境。此外，如果每次都约在你家玩，实际上是传达这样一个信息：这是城里唯一安全的地方。

旅程继续：学生时代

从 18 个月到 2 岁半之间，父母会把孩子交给保姆或日托中心，大多数孩子会经历正常的分离焦虑。有经验的看护者知道，分散注意力是很好的焦虑解药。当孩子进入学前班或幼儿园时，分离焦虑可能会再次出现。

那些受过大量训练，懂得如何适应新环境和面对陌生人的孩子，很可能只经历小小吵闹便能成功过渡到学校生活（当然，这取决于他们的性格）。而那些在父母指引下，总是对害怕的宠物避之不及，而非迎难而上的孩子，则会面临一段更为艰难的时期。对他们来说，成败在此一举。

对妈妈们来说，这也是一个艰难的过渡阶段。当我们看到孩子在操场的围栏边哭泣，我们很可能会想："他需要我！如果我今天待在那里，他明天可能会好些。"根据我的经验，只要妈妈保持冷静，不焦虑，并坚信这就是对孩子最有利的方式，大多数有分离焦虑的孩子在几周内就会习惯。但这可能也是困难所在，尤其是对于第一次为人父母的人来说。在我的几个孩子就读的学前班中，只要有大哭大闹的孩子被掰开死死抱住母亲的双手，就同样会有一位浑身颤抖的母亲被老师请出来。

从幼儿园到三年级的这段时间，对父母、孩子以及缓解焦虑来说都是至关重要的。如果你曾过度保护孩子，你可以在这段时间弥补失去的机会。每升一个年级，孩子都会面临全新的社交和学业挑战，这两者是交织在一起的。不过，导致一个 8 岁或 10 岁的孩子说"威廉昨天又在取笑我，今天他还要取笑我。我不想去学校"的原因是社交焦虑，而不是学业压力。你可能会担心他被欺凌，如果这样的问题成为常态，你必须多了解一下情况，但你不应该说："好吧，亲爱的，你可以待在家里。我会打电话给老师，让他给你布置作业。"这可能会让你和孩子在当时感觉好一些，但是如果在你的庇护下，孩子不和同龄人接触交往，那么，孩子以后会为此付出代价。正是同龄人迫使孩子们在思想上变得更加开放，能随机应变（"你不喜欢调味汁，那可真是太蠢了！"），并为他们进入更广阔的社交圈——初中和高中做好准备。你需要做的，是帮助你的孩子制订策略来应对同学时不时的嘲笑。

三、四、五年级的学生，如果还没有学会如何处理团队学习生活中的焦虑，就会处于非常不利的位置。因为在小学阶段的主要发展任务之一，便是学习如何驾驭错综复杂的社会关系，实践交友的技巧。在这个年龄段，能识别并正确对待焦虑至关重要。让孩子到外面的世界去体验各种状况，这样焦虑就不会在接下来的几年里发展成一种疾病。

小学生的家长经常以孩子年纪小为借口，让他们远离社交场合，或者在家庭作业上提供过多的帮助："他这么小，才 9 岁。他需要更多的时间。"但是，如果小学生在处理焦虑和应对挑战方面经验太少，那么在中学就会疲于应对。他们将跟不上别人的脚步，这就是为什么许多家长到孩子上中学时才第一次来寻求我的帮助。

中学:"是时候步入正轨了!"

中学从来都是一个挑战。我一直认为,如果你把一群青少年儿童心理学家、精神病学家、儿科医生和发展专家召集到一个房间里,让我们为 11~14 岁的孩子构思出最糟糕的学习方案,我们会想出和今天的中学课堂差不多的东西。课堂上,只给孩子们 45 分钟的时间来消化难懂的内容;自然科学和高等代数的学习无缝衔接;想要小便的时候,要举手示意;强迫他们在身体发育最尴尬的阶段和其他孩子赤裸相见(比如游泳课)。毫无疑问,他们之中一些人已经长成了成年男女的块头,其他人却还只是孩子的体格。最后,让他们和其他同龄的孩子待在一起,这些孩子对激烈冲突的热爱,比起莎士比亚也毫不逊色。很快我们又要开始烦扰他们,提醒他们为大学做准备。考虑到中学阶段社交和学习要求的折磨,他们连为自己的一天做好准备都做不到。

不少学生在七年级时就被告知应该开始规划自己的大学生涯,包括选择专业。先不说这种行为有多荒诞,忽视了儿童发展过程中的基本规律,让我们先来考虑一下,对于那些备受父母保护,连小学阶段相对轻松的社交和学业压力都未曾承受过的孩子来说,这意味着什么。除了繁重的课业之外,中学时代的到来,意味着孩子步入青春期(也可能在小学就已经开始),随之而来的还有青春痘、大量的身体羞辱、欺凌、与父母的分离、小团体、手机,还有社交媒体的轰炸以及各种比较所带来的痛苦。大多数家长都知道,中学时期的慰藉并不多。而我们那时候的压力并没有那么大——科技并没有这么发达，对成绩和大学录取的普遍恐慌也比现在低很多。即使是那些之前克制自己不对孩子家庭作业或学习项目过多干预的父母，现在也会发现自己为他们提供了越来越多的帮助，以减轻他们的压力。空气中弥漫着恐慌的气息，餐桌上总是能听到"是时候步入正轨了！"这句话。

父母为孩子做的不仅仅是功课，尽管这也是一个可能导致累积性失能的严重干预行为。十一二岁的孩子正应该在初中这个时间段承担起更多责任，不论是照顾自己，还是帮家里做点事。然而通常情况下，他们不会改变自己的状态，甚至比以往做得更少。由于担心孩子没有足够的时间完成功课、运动和社交，父母为14岁的孩子铺床，为他们代劳家务，为他们准备多种食物以供选择。家长们一次次为孩子更换丢失的电子设备（孩子的粗心大意没有任何后果），放任孩子不规律睡眠、彻夜使用电子设备，然后给老师打电话，以消除他们对孩子不按时完成作业或考试成绩不理想的"误解"。家长的这些行为使孩子无法学习如时间管理、自我照顾、备餐做饭、自我调控等生活技能，也无法承担个人责任。所以，中学是累积性失能生根发芽并日趋严重的时期。成绩或球场上的成功让父母忽视了孩子其他方面的不足。

当我提起家务和责任时，父母通常会回应说："我来做这些更方便。"我对此深表理解。对精疲力竭的父母来说，避免让他们的孩子为平衡家庭作业、社交和照顾他们的弟弟妹妹而大呼小叫，确实更方便，也压力更小。当父母包揽了所有家务，而不是和孩子们争论的时候，他们称之为"维持家庭和睦"。但是，学习如何做家务，对自己的衣着和个人卫生负责，才能让青少年在现实生活中培养生活的能力。正是洗衣服、基本的烹饪技巧以及缝纽扣这些看上去实用而又朴实的技能，才能在孩子搬进新生宿舍时，成为他们提升自信心的基石。

高中：一场完美的风暴

眼看就要上大学了，父母的干预还在继续，而且在高中阶段变本加厉。青少年的反应各有不同，有些非常明智。我和很多15岁的孩子聊过，他们已经找到了自己的局限，并且并不耻于表达出来："这里的每个人都在做STEM项目，那不适合我。"或者是，"我决定不跑田径了，我虽然对它感兴趣，但是我没有办法一次处理这么多事情。"

反而是父母不愿降低自己的参与度。他们会参加每一次的训练和比赛，定期通过学校门户网站监督孩子的学习成绩，经常在深更半夜给老师发信息，抱怨孩子的成绩，或者为迟交作业找借口。他们陪孩子去看医生或牙医，在检查期间和孩子一起坐在房间里。许多父母不鼓励他们的孩子在18岁之前学驾驶，对父母来说，拼车服务更安全，也不那么让人紧张。家长聘请家庭教师，如果一个孩子无法兼顾学业和课外活动，条件优渥的家庭甚至会聘请时间管理教练。[6] 他们请来"作业心理治疗师"，既帮助他们的学业，也解决学业带来的压力。[7]

即使是勇敢地应对了最苛刻课程的学生，可能也会发现父母不信任他们。一位父亲想让儿子提高微积分成绩，于是他决定将儿子所有考试和小测验的成绩画在曲线图上。这已经够糟糕的了，但他甚至不允许儿子保留图表！父亲想要确保标记绝对准确。孩子的微积分成绩最后得了A，但他的焦虑也达到了顶峰。把每次考试和测验的成绩一一记录在册，意味着每次考试都生死攸关，而父亲保留这张图表的事实则表明，他认为儿子没有能力记录成绩（记住，这个孩子正在学微积分）。至少，这位父亲可以把部分控制权还给儿子，建议他把考试成绩记录下来，以便跟踪自己的进步情况。给予孩子适当的控制权是减轻他或她焦虑的关键。父母的干涉和其中隐含的批评意味——**你做得不对，你没有能力靠自己独立完成这件事**——会让孩子产生不必要的挫败感。学习能力是通过多次尝试建立起来的，其中也包括一定数量的错误。这个年轻人微积分得了A，但在自尊和自信方面却可能不及格。如果父母过度介入，不断质疑他们的能力，那么即便是最聪明的学生，也会被累积性失能影响。

十六七岁时，父母的干涉和大学申请的繁杂过程叠加在一起，形成一个充满恐惧、焦虑和压力的旋涡。大学申请的准备工作是如此复杂而混乱，许多家长聘请了专家，以拨开大学申请的迷雾。常见的困难包括SAT和ACT的准备和考试、AP课程的准备和测试、调研大学情况、参观校园、申请助学金和奖学金、参与暑期项目以及准备大学申请的文件。这些是学业和课外活动之外的最重负担。（很多学院和大学正在逐步取消SAT的成绩要求。这种趋势很可能会持续下去，针对这些过时的、与学生能力并不显著相关的指标，大学录取标准一直在改善。）

家长和学生们个个摩拳擦掌，紧盯着回报。当孩子们开始出现明显的情绪困扰迹象（焦虑、抑郁、自残、药物滥用、进食障碍、躯体化症状、无法继续学业甚至被送入急诊）时，父母会带他们来见我。他们中的一些人让我想起了灾难事件的幸存者。治疗的第一步是帮助这些青少年冷静下来，脱离高度警惕的状态，学会分析威胁的严重程度。经历过创伤的人，尤其是那些患有创伤后应激障碍（PTSD）的人，会对威胁变得高度警惕。同样，这些孩子感到危险无处不在："我得了B，我永远也进不了斯坦福了。""我选了微积分1，但别人说要想真正有竞争力，就必须选微积分2。一切都要完蛋了。"在我攻读博士学位的时候，如果有人告诉我，我未来一半的工作时间将花在与16岁的孩子一起做呼吸练习上，我一定会说："想都别想。"但这确实是我现在的工作。

在这一点上，我的许多年轻病人确实没有能力管理好自己的生活。父母已经全权为他们打点好了。不管他们将来进入哪所名校，我知道在大一结束之前，我还是会再次见到他们的。他们已经认定，自己不仅缺乏应对生活的能力，而且对这种局面无能为力。他们别无选择，也缺乏自主性。这种情况所对应的术语被称为习得性无助。累积性失能是"我没有这项技能"，习得性无助是"我做什么都无关紧要，我无能为力"。这两种情况是交织在一起的——青少年的累积性失能使他们相信，自己没有改变现状的能力或勇气。而这样想的后果很严重，我们将在下一章读到。

第四章

习得性无助和迟到的青春期

不久之前,那些十几岁的小孩还不是被击垮,而是怒气冲冲。他们被堆积如山的作业和父母的压力压得喘不过气来,在我的办公室里跺着脚走来走去,甩出一大堆各种各样针对父母的脏话,还把课本扔在地板上。他们恳求我让他们的父母、老师、教练和家教不要再纠缠他们。在家庭治疗过程中,他们努力在自己的权益和父母的计划之间划清界限。他们反对父母过度参与他们的生活。就像2岁孩子最爱说的"你不是我的老板"一样,这些十几岁的孩子急切地宣称:"这是我的生活,不是你的!"

然而,令人不安的是,现在的青少年不再表现出哪怕只是虚张声势的逞强,也缺乏青春期必经的叛逆。在正常情况下,青少年活在当下,专注于开拓自己需要的情感空间,以实现独立。他们需要建立自己的道德准则,需要进行丰富的体验,找到他们的兴趣和天赋所在,然后疯狂地练习,以便变得更好。**他们应该庆祝成功,承**

受失败，并从中吸取教训。这就是他们培养能力与自信的方式。三种社会心理成就——自我意识，相信可以对环境产生影响的信念，以及调节情绪的能力，让我们能够应对挑战、挫折和失望。这些品质是建立在亲密关系、人生意义和心理健康的基础上的。最终，独立自主——与父母保持适当的距离和健康的联系——标志着青少年圆满度过了青春期。在几乎所有的文化中，青春期始于大胆远离父母的心理转变，以成熟地回归家庭关系、扩展友谊和亲密关系告终。

在过去20年里，我一直在为青少年提供心理咨询，他们的焦虑和累积性失能阻碍了离开父母的进程。父母对青春期日程的接管和控制，导致孩子兴致缺乏，这些孩子的态度是"让我们赶紧把事情做完吧"。他们可能在学习上出类拔萃，但学习不会激发他们的兴趣。（我的"挑战成功"项目的联合创始人丹尼斯·波普将他们称为"机器人学生"。）由于这个年龄的孩子都在经历叛逆期，与父母分开本应不是难事，结果却频频受挫。他们经常感到自己受到他人，尤其是父母和老师的摆布，他们依靠长辈获得自我意识。他们似乎更像是自己生活中的旁观者，而不是参与者。

与年轻患者身上的被动消极、缺乏投入和意志消沉同样令人不安的是，许多父母认为青少年对他们的持续依赖证明了他们与孩子的亲密程度。高中生让父母帮自己选择选修课，大学生每天都和母亲聊天，事无巨细地征求从洗衣服到约会等一切事情的建议——**这些都不是亲密的表现，而是不健康的依赖**。研究表明，与父母适当参与其生活的大学生相比，与父母关系过于亲密的大学生更容易抑郁，对生活的满意度也更低。这可能是因为，虽然父母可能觉得他们是在提供支持,但事实上,他们正在削弱孩子的能力和自主性。[1]研究还发现,懂得自我调控的大学生在学业上比那些父母远程管教的大学生表现得更出色。[2]

并非所有管教方式都是一样的。研究发现,让孩子知晓底线和后果的约束行为有百利而无一害:"家里熄灯时间是11点,超过这个时间不回家,你以后就不能自己开车上学了。"这种公开的规则设置使青少年有安全感。在他们表现出责任感的同时,可以增加自由度:"这个月你开车开得很稳当,所以如果你愿意,你可以把它开进城区里去。"

然而,心理控制通常是隐蔽的。这包括了侵入和操纵孩子的思想和感情,特别是通过明示或暗示进行威胁,让他或她以为如果违背了父母的计划,就不会再得到爱:"莱斯大学是我的母校。如果你进不去,我会伤心的。"对孩子进行心理控制的父母会让孩子萌生出一种无助感。无助会导致抑郁。不管你的孩子是3岁还是30岁,心理控制都有害无益。

青春期关乎内心的转变。在20世纪90年代,苏妮娅·卢塔尔(Suniya S. Luthar)博士对青少年进行研究发现,有内控倾向的九年级学生——认为自己对塑造生活有一定控制力的人——在处理压力上,比有外控倾向的孩子——认为他人可以控制自己生活的人——更加应对自如。卢塔尔写道,"那些认为自己无力控制自己命运的人……会变得被动,应对能力也受到限制","另一方面,当一个人认为事件和结果是可控的时候,就会避免习得性无助,积极尝试克服糟糕的情况"。[3]内控和外控并不是泾渭分明的,我们没有一个人完全依赖二者之一。我们可能会为了奖金而更加努力工作(外在激励），但最终我们对工作的感受（内在激励）才是最重要的。

然而越来越多的时候，我观察到的青少年甚至一点内在激励都没有。他们坚持求助于教练、老师和家长，在他们的帮助下消除障碍，解决问题。他们没有应对挫折的经验，也没有真正掌握面对各种挑战的能力。在这些青少年中，很多人的表现和年幼的小孩子毫无二致。他们停留在儿童时期社会心理的主要任务中——把事情做对做好来取悦成年人——却不敢做这个年龄该做的事情：离开父母，独立自主。当面对专属于青少年的问题时，他们往往只拥有儿童的解决能力。

义愤填膺但无能为力

2018年春，美国疾病控制与预防中心（Centers for Disease Control and Prevention）发布了一份关于美国自杀率的令人痛心的报告：1999年至2016年，超过一半州的自杀率至少增长了30%。在15~35岁的人群中，自杀是第二大死因。[4] 此前一年，该中心发布了针对青少年的数据：2007年至2015年，15~19岁女孩的自杀率翻了一番。在相同年龄段的男孩中，这一数字增加了30%。特别令人关注的是10~14岁的女孩，1999年至2014年她们的自杀率增加了200%。[5]

我对旧金山湾区和硅谷富人区高中生自杀率的上升尤为担心。这些悲剧自然引起了媒体的极大关注，引发了地区官员的反思，老师、家长和学生们也为之痛心。在报纸社论以及社区会议上（我曾受邀参与了其中一些会议），成年人和青少年将自杀归咎于家庭和学校的压力：父母执着于让孩子进入一流大学；比起课堂参与度，教育工作者对考试成绩更感兴趣；人们不断强调竞争的重要性；孩子们作业太多，而睡眠太少。哈佛大学对一万多名中学生所做的调查证实，超过80%的学生认为他们的父母把成绩优秀看得比为人善良还重要。[6] 我并不相信大多数父母看重孩子的个人成就胜过他们的品质。但是孩子们是从我们所关注的事物中得出结论的。除了为足球比赛的胜利举办庆功宴，我们同样需要肯定孩子日常做出的小小善举——帮助兄弟姐妹找到一个玩具，把购物袋从车里搬进家，或者是问候年长的邻居。

一名高中女生的一封愤怒的公开信在网上疯传，她如此为她愤怒激烈的言辞作结："当父母把财富和成功看得比生命还重要时，自杀就不会停止。改变不能再等了。改变必须立刻发生。"

我觉察到这个年轻女孩发自内心的痛苦呐喊，以及她更深的背叛感和无力感。她坦诚直白的痛苦非常强烈，但她似乎没有意识到，她和她的同学们已经可以开启她渴望已久的改变了。她可以少上一些课，取消课外活动，按时睡觉，拒绝因压力而增添自己的工作量，不再竭力去成为"别人家的好孩子"。

在接受汉娜·罗森（Hanna Rosin）就《大西洋月刊》的一篇封面文章《硅谷自杀事件》进行的采访时，我指出，研究表明，青少年认为学校是他们生活中最大的压力来源。罗森敏锐地观察到，这一发现"可能暗示着某种形式的服从，也就是对父母制订的规范毫不置疑地采纳"。[7] 这个观察准确描述了我和那些痛苦的年轻病人打交道的经历。尽管他们因父母和社区的压力感到愤怒，但他们同样无能为力：无法改变自己的处境，无法影响自己的命运，也无法按自己的喜好行事。我发现，他们缺乏反叛精神，顺从和迎合他人的倾向让他们的健康和精神危机四伏。

我最近经常从青少年那里听到的一句话就是："随便吧，我别无选择。"十几或者二十几年前我接触过的那些热血青年的话还回响在我的耳畔："这是我的选择，不是他们的！"最近几年却听不到了。自我保护的反抗去哪里了？为了进入下一个发展阶段——成年早期，孩子必须成功应对青春期的挑战。而许多人却在此项任务上失败了。结果是，成年早期曾经是一个探索、尝试和巩固自我身份的时期，而现在看起来越来越像一个发育迟缓的青春期。

"成年初显期"，或可弥补遗失的时光

研究认为，青春期以发育期——也就是一个人在生理上有生殖能力的阶段——的开始为起点。工业化国家的孩子们越来越早熟。1860年，女孩进入青春期的平均年龄是16岁；1920年，这个数字是14.6岁；1950年则是13.1岁。到2010年，这个数字跌至10.5岁。[8]同样的事情也发生在男孩身上，但他们的发育比女孩落后了一年左右。一些科学家将这一变化归因于儿童肥胖症的激增，肥胖会在低年龄引发激素水平飙升。还有人则指责环境毒素，尤其是会影响激素的内分泌干扰物以及食品和日用品中的化学物质。

尽管原因很复杂，但事实确实是孩子们生理上达到性成熟的岁数创下了历史最低。世界卫生组织现在将青春期定义为10~19岁。《机遇时代：青春期新科学研究的启示》（*Age of Opportunity*:

Lessons from the New Science of Adolescence）一书的作者劳伦斯·斯坦伯格（Laurence Steinberg）认为："人类情感和智力的大部分方面在15~22岁之间达到了成人的成熟水平。"这位美国天普大学的心理学家认为，"心理学家所称的'冷认知'（cold cognition），即在慎重克制、不带感情色彩的决策环境下，与他人协商之后做出判断的能力，16岁的青少年就已经和成年人一样成熟。相比之下，青少年在能引发'热认知'（hot cognition）的情境下，即在群体环境当中，他们的情绪被激起，因为时间紧迫而感到压力时做出判断的能力，直到他们成年后才完全成熟。"

神经科学家利用功能性核磁共振成像技术研究了青少年和年轻人的大脑，他们发现，掌管自我调节和判断等执行功能的大脑额叶直到25岁左右才发育完全。斯坦伯格对大脑中被称为伏隔核的部分更感兴趣，这是一个在青春期达到活动高峰的快乐中枢。一般来说，研究表明青少年热衷做傻事或者冒险，是因为他们的判断力还没有完全发挥作用，而做傻事和冒险会让他们感觉更好。此外，在我们的史前祖先中，冒险可以获得成功进行繁殖的奖励——远涉重洋寻找合适的伴侣则需要勇气。斯坦伯格认为，进化过程和神经科学向我们解释了，青少年为什么会感觉活跃，并抓住一切机会与世界打一场硬仗。研究表明，直到20多岁，他们仍然会保持这种状态。

诸如此类的发现导致了"成年初显期"（emerging adulthood）概念的形成，这是克拉克大学心理学家杰弗里·阿内特（Jeffrey Arnett）提出的一个术语，用来描述青春期和完全成年之间的一个新阶段。他认为，在繁荣的工业化社会中，18~25岁的年轻人在承担成年人的角色和责任之前，会有大把令人兴奋的机会去体验世界，探索自己的个性。他给这段时期贴上了"成年初显期"的标签，称之为"充满可能性的阶段"。这是这个阶段的一个面向。另一种面向则可能是"危机四伏的漫长青春期"。阿内特所认为的也许并不准确，成年初显期这一概念的意义，并不在于它是青少年继续成长和广泛进行自我评估的时期，而是因为它给了青少年一些弥补的时间——在这个补救期中，本来应该在青春期完成的工作可以得到弥补。

我和其他一些人一样，担心这种重新来过可能并不理想，而且也不容易实现。弗吉尼亚大学的心理学家梅格·杰伊（Meg Jay）持同样的观点，她提醒我们，不要把二十几岁看成是延长的青春期。她认为，那几年是成人发展的关键阶段，除非你圆满完成了传统青春期的使命，否则在这个阶段是不会有成果的。她认为，告诉人们他们还有十年额外的时间才进入成年期会使他们失去心理动力。

我遇到很多类似的青少年，他们在行为能力及建立成年人之间的人际关系等方面，都表现得发展迟缓，这包括主动性、独立性、亲密关系、坚韧度和自力更生的精神等方面。通常而言，这是因为他们身边的人（不仅是父母，还有同龄人、老师和其他家庭成员）只关注成绩与文凭，却没有鼓励他们追求品格。我拼命说服这些青少年和他们的父母，拖延完成青少年时期应有的情感成长是危险的。

"我们发现，青春期的大脑易受影响，可塑性很强，"斯坦伯格说道，"它更容易根据经验做出改变。这个事情有利有弊：一方面，这意味着大脑特别容易受到有害经历的影响，但这也意味着大脑很容易受到促进成长的积极影响。这是一个我们没有好好利用的机会。"[9]

这个发现加深了我对习得性无助这一有害倾向的担忧，习得性无助如此之强烈，以至于它可以超越青少年热衷冒险、享受新奇体验的生物本能，阻止他们实现个人成长。

克里斯：被焦虑和过度保护削弱的个人能力

克里斯26岁的时候来我这里接受治疗。尽管他在大学待了八年，却没有取得学士学位。他失业了。他喝了太多酒，吸食了太多毒品，生活在他父母（陈设得当）的地下室里，完全符合人们对啃老族的刻板印象。从克里斯18岁离家去上大学起，他的父母除了给他交房租和学费外（尽管他没怎么去上过课），还每月给他6000美元的零用钱。

我第一次见到克里斯时，他的父母正要求他找份工作，但他拒绝了。虽然他能说会道的魅力让他看起来没有那么可怜无助，但这个年轻人根本没有为步入需要背负责任的成年阶段准备任何所需的技能。他坚持认为，从事每一份工作（例如星巴克的咖啡师）都有失他的身份，他表面上的自恋和优越感掩盖了连基本的工作要求都达不到的心虚。我知道"优越感"这个词经常被用来形容那些看起来"被宠坏"的孩子。经验告诉我，这些孩子中许多人都极度缺乏安全感，也缺乏基本的处理问题和日常生活的技能。当我向克里斯询问更多细节的时候，我发现他不知道如何遵守时间表；如果不摄入酒精，他和陌生人交谈时就会感到焦虑。他准确地得出结论，即使是最常规的工作，他也坚持不了一周。

克里斯是家里五个孩子中最大的一个。父亲是一位对冲基金经理，繁忙劳碌，与孩子关系疏远；聪明而又严苛的母亲是个律师，生了孩子后就不工作了。克里斯小时候有点异想天开，总是心不在焉。他喜欢待在户外，尤其是在家附近的树林里探险，讨厌坐下来写作业。克里斯的父母担心，他在学校里永远不会是出类拔萃的那种学生，而他的父亲——工作使他每日都要直面全球金融市场日益混乱的局面，已经开始担心克里斯在职场中的工作能力。他忽视了克里斯对自然世界的真正兴趣——这与他自己的兴趣大不相同。由于对儿子的前景颇为担忧，克里斯的父母做出了许多让步，免除了他的许多责任和挑战，最终他们的担忧变成了现实。年轻的克里斯同样意识到父母的担忧，不仅他认为自己无能，而且事实上也变得确实如此。

累积性失能和习得性无助的陷阱很早就埋下了伏笔。克里斯回忆说，他8岁的时候，在学校里被一个大孩子欺负，那个孩子的方式很典型——骂他、抢他的午餐、推搡他。克里斯吓坏了，他把这件事告诉了母亲。他的父母让他在家待了一个星期，然后把他转到了一所私立学校。他们研究过欺凌现象，了解到这可能非常不利于孩子成长，他们"不想冒任何风险"。克里斯对转学很抗拒，但最终还是适应了他的新环境，当然，这里也不是完全没有欺凌的现象。在没有成年人适当指导的情况下，克里斯制订了应对欺凌先发制人的策略，他变身为班级里招人喜欢的活宝，他喜欢分派礼物——开始他用饼干和糖果等零食款待同学；后来，到了高中和大学，那些礼物换成了毒品和酒精。

我告诉克里斯和他的父母,有一些方法本可以对他更有帮助,比如和老师谈谈,请求学校与那位男孩及其父母一起见面讨论,或者教给克里斯对付欺凌的各种策略。但是这些策略都没有用上。克里斯觉得父母对他没有信心,结果他对自己也失去了信心。由于未能正面帮助克里斯解决这个问题和其他许多问题,他的父母最终无意中助长了他焦虑、逃避以及糟糕的应对技巧。这些问题综合在一起,导致了克里斯滥用药物。

克里斯的挣扎说明,如果父母不及早干预并帮助孩子面对焦虑,年轻人将会如何成长。出于他们自身的原因,父母双方都保护着克里斯,使他不用直面恐惧,这反过来使他更加焦虑和恐惧,从而导致了他的绝望和缺乏自主性,而这正是习得性无助的表现。

让孩子远离那些容易产生焦虑的事物并不能给他们带来好处,顺便说一下,大学生也不例外。"敏感预警"(Trigger Warnings)会引发误导——教授会提醒学生,一些阅读材料可能会造成困扰(例如,"敏感预警:指定章节包含了肢体暴力的内容")。如果一个20岁的年轻人对某件事感到焦虑,帮助他的方式并不是把这件事屏蔽,就像转学对8岁的克里斯没有任何帮助一样。把年轻人看得无比脆弱,认为他们连令人痛苦的文字都无法承受,反而会加强大学时期的焦虑感。这种做法肯定无法让他们为工作环境中一贯的刀光剑影或者未来的未知挑战做好准备。

最后,克里斯下定决心进入戒毒所,接受康复治疗。他的母亲同意家里不再给他提供资金。完成治疗项目后,他必须去找工作,然后再找一个他可以负担得起的独立生活环境。在他接受治疗的时候,我帮助他的父母充分理解了为什么他们对克里斯的保护有百害而无一利，以及他们应该对一个年轻人抱有怎样合理的期望。

项目完成之后，克里斯在当地公园管理处找到了一份工作。在治疗过程中，他开始意识到，在年轻的时候，他没有机会学会如何控制自己的情绪，并为自己的行为负责，更不知道如何应对挫折，但他现在可以开始这方面的学习了。在快30岁的时候，他开始理解成年人在社会上所要担负的责任。

艾玛：坚持独立

对艾玛来说，让一切恢复正常还需要一些时间。她是我的一位新病人，只有15岁，却饱受抑郁和焦虑的困扰。在焦虑和抑郁的时候，她会用剃刀割破手臂。从艾玛出生的那天起，她的父母就拼尽全力保护他们唯一的孩子不受伤害。她的妈妈愿意为晚餐做三道不同的主菜，以确保蹒跚学步的艾玛愿意吃其中一种。在中学时代，艾玛因为没有被邀请参加朋友的聚会而感到沮丧。妈妈没有给艾玛和她的朋友商量的机会，也没有让她失望地坐以待毙，而是在同一时间安排了一个更吸引人的温泉派对，许多同学于是都跑来参加艾玛的聚会。艾玛没有机会面对挑战，她觉得这是因为妈妈认为她"缺乏生活的能力"。每次她试图独当一面，她的母亲都会巧妙地介入，最终接管一切。

艾玛进入青春期时，试图与母亲保持距离，寻找可以独立自主的空间。母亲感觉女儿背叛了她。"毕竟我为她做了那么多！"她对我说。她也经常这样对艾玛说，这些话让艾玛越来越焦虑和沮丧。她的母亲难以忍受艾玛的这些情绪，一再告诉我的是，"我只是想让我的女儿像原来那样"。艾玛的感觉却并非如此。在与母亲不愉快的相处中，艾玛放弃了成为一个有能力而独立的年轻人，当她的焦虑和抑郁变得无法忍受时，她开始通过自残来逃离这些痛苦的情绪。她说，自残很痛，但至少这是她自己的选择。

克里斯和艾玛的父母都认为自己已经尽了最大努力来帮助孩子将失望、焦虑和痛苦拒之门外。然而克里斯年纪轻轻却毫无生活动力，而且还滥用药物，而艾玛却饱受自残之苦。出现这些问题，使父母感到受伤和困惑，也很愤怒。我在办公室最常遇见的问题之一就是，父母在孩子很小的时候保护他们免受伤害，却在他们未能顺利长大成人后倍感失望，怒不可遏。

我必须说服艾玛的父母，艾玛需要练习独立自主地从失望中恢复信心，而告别童年是一个充满挫折的过程。艾玛和她的母亲需要明白，父母和孩子之间的冲突最终会回归到真正的亲密。我也和他们强调，艾玛需要学会如何去冒险。我治疗过的许多青少年不敢冒险，哪怕只是一次小小的冒险。"我想上生命科学类的课程，"一名高中生告诉我，"这听起来很有趣。我妈妈却说，'你不擅长这个，学这门课会降低你的平均分'。"于是这个充满好奇心的男孩开始变得畏缩，他听从了母亲的建议："如果不能立刻在这门课上取得优异成绩，为什么要去尝试呢？"难怪青少年因为恐惧"学业失败"而不敢再冒险，而是更喜欢被动地接受可预见的安全结果。

极度厌恶风险的父母总是夸张自己的焦虑，将这种情绪传递给孩子。他们总是在暗示日常挑战可能带来最糟糕的结果：如果你不提高数学成绩，你就永远进不了好学校；如果你进不了选拔队，你就再也不能踢足球了；如果你找不到舞伴，每个人都会认为你有问题。这种想法是会传染蔓延的，而且会让人充满无力感。再加上青少年喜欢胡思乱想，渲染紧张气氛，孩子就可能会变成像我的某位高中生病人那样，她告诉我，因为她被梦想中的学校拒绝了，她患上了创伤后应激障碍。虽然她其实并没有得病，但她应对事情的能力非常有限，事实上，她确实表现出了这种障碍的一些症状（被电话铃声吓到、做噩梦），而这些症状的出现通常是由于经历了极端的暴力环境。每个孩子的情况不同，被大学拒绝可能带来悲伤、失望、令人不安，也可能是意料之中的。但无论如何不应该成为一种创伤。

亲密的间隔

年轻的艾玛和年长一点的克里斯都没有谈过恋爱。在工作中，我发现青少年培养亲密关系的能力经常被推迟到成年。对父母的过度依恋似乎让孩子们少了许多在家庭之外建立亲密连接的尝试。这可能就是为什么"勾搭文化"在千禧一代[1]中盛行，他们的结婚率却只有26%，相比之下，婴儿潮一代中有50%的人与同龄人结婚。还有其他因素也在影响千禧一代的结婚率——父母离异的惨痛教训、找不到能够供养一家人的工作岗位、高得惊人的学生债务。它可能

---

[1] 英文是Millennial，是指出生于20世纪八九十年代，在跨入21世纪（即2000年）以后达到成年年龄的一代人。这代人几乎是伴随着互联网/计算机科学的形成与高速发展而成长起来的。——编者注

是数字时代的副产品：青少年沉迷在电子设备中，通过短信交流的时间是面对面交流的两倍。他们学习精准解读失望、伤害和愤怒的表情的时间越来越短，也无法理解别人脸上的希望、兴趣，或是游戏式的打情骂俏——而这正是建立亲密关系的关键。许多20多岁的年轻人似乎不知道如何从朋友过渡到更为微妙的浪漫伴侣关系。

毫无疑问，亲密关系延迟的一个主要因素是情绪调节能力发展缓慢，尤其是在应对他人感受和承受失去的能力上。孩子们需要空间来体验初恋，第一次性经验，以及第一次心碎。父母必须给他们伤心难过的空间，让他们发现自己有能力挺过情感危机。我所接触的许多年轻人仅仅因为情绪受挫就被轻易打倒了。他们没有经受挫败的实践经验，因为成年人总是插手来保护他们的感情。

叛逆是有原因的

我们忽视了一些青少年发展过程中至关重要的事情，这给青少年的情感健康带来了极大风险。他们本应抗议，制造噪音，尝试新事物，挑战他们周围成年人的权威。这才是他们应做的事，在这个过程中，他们将弄清楚自己到底要成为什么样的人。

你可能无法从表面看出来现在的孩子在青春期的发展岌岌可危。今天的青少年在许多方面和我们想象中没什么两样。他们说谎。他们说要去图书馆，但却去和女朋友或男朋友约会。他们酗酒、抽大麻，答应不开车却和朋友们开着车兜风。他们在受到同伴压力时同样会做点什么，所以他们有一些冒险的经历。但是，这些经历并不同于从家庭中分离出来所经历的心理体验，唯有后者可以塑造并让孩子尝试感受真实的自我。

如今，父母常说的一句话就是："我受不了看到孩子不开心。"我的回答总是："那你就不应该当父母。"青少年通过直面日益复杂的挑战来学习调节自己的情绪，有些挑战他们能应对自如，有些则处理得不尽如人意。我们当然希望孩子安然无恙，全身而退，但是只有他们对自己的能力有充足的判断，并且掌握了处理问题所需的技能，孩子才算是步入成熟。这样的自知之明并不总令人愉快。父母必须愿意回归自己的角色，不是作为朋友或助力者，而是以有见地、有思想的成年人身份参与孩子的成长，为他们提供所需的安全和稳定，以便他们从富有挑战性的经历中学习成长。

青少年的个性正匹配了我们这个充满不确定性的时代。以传统观念来看，他们是冒险家和创造性的思考者，在团队中表现出色，不满足于现状。当事情不可预测且迅速变化的时候，这些个性就能派上用场。如果好奇心和富有创造力的反叛精神被压制，青春期就会发生改变，而成年期就会延迟。好在父母和青少年正逐渐意识到这一困境，并开始扭转不利的趋势。

第二部分

面对不确定的未来，
回到养育的本质

Ready
or
Not

Preparing Our Kids to Thrive
in an Uncertain and Rapidly Changing World

第五章

消除无助，提升能力

尽管青少年焦虑症和抑郁症发病率的增长令人担忧，我的办公室意志消沉的年轻人源源不断，但青春的火花是不可能熄灭的。父母们一意孤行，坚持认为家教可以帮助孩子把物理成绩从 B 提高到 A，或是认为摄影课虽然很好，但无法体现在简历中，因而对申请大学毫无助益，但我也看到了孩子们的反击，青春的火花在他们身上闪烁。而有时火花还有燃起之势。

2018 年 2 月，在佛罗里达州帕克兰发生了导致 17 人死亡的校园枪击案，该校学生们发出的抗议吸引了全国人民的目光，产生了深远影响。马乔里·斯通曼·道格拉斯高中的学生们以"到此为止"为话题，利用社交媒体发起了一场抗议枪支暴力的运动。他们召开新闻发布会，成立了"为我们的生命游行"组织，倡导制定更严格的枪支管制法，激发了年轻选民的社会参与热情。他们利用春假组织了一次全国范围的抗议活动，吸引了 200 多万人参加美国各地（以及许多海外地区）的800多次游行。[1]他们机敏地应对记者、政客以及百万游行人群。身为父母，我们惊叹于他们巨大的能量、他们谴责并要求改变现状的勇气。在那些疯传的演讲中，在他们雷厉风行的计划中，在他们的抗争和雄心中，我们看到了一种激动人心的无畏精神。帕克兰校园枪击案幸存者洛伦佐·普拉多（Lorenzo Prado）说："我们现在必须做的是实施变革，因为在失败面前，我们要选择改变。"[2]这些学生过人的胆识与我们自身的无用感以及许多孩子的小心翼翼、疲惫不堪形成了鲜明对比。

相信每个高中生都有一颗战士般的心，这听起来令人振奋。他们中的大多数不会遭受灾难的考验，但他们都将面临挑战，而拥有像帕克兰高中生那样的勇气和创造力将对他们的未来大有助益。不论哪个年龄段，不论他们在家中已经养成了何种习惯，我们都可以帮助孩子培养这些特质。儿童和青少年可以重新建立他们对新环境的承受能力，学会克服焦虑。他们可以重拾已经退化的能力，学会在日益增长的需求以及不确定性面前保持信心。我们的孩子可以学会用积极和无畏来代替恐惧与无助。

找到鼓励孩子的力量

只有无所畏惧的家庭才能养育出无所畏惧的孩子。如果不确定性让我们变得惊慌失措，从而对孩子过度溺爱，那么，我们的首要任务是要重新认知，改变自己的做法。当我们思考如何才能减少对孩子传达焦虑时，有必要提醒自己，为人父母有很长的路要走。我们总是认为，每一刻、每一个决定、每一次成功与失败都至关重要，但随着时间的推移，人们发现，真正关键的是孩子能成为忠诚的朋友、亲密的伙伴、诚实可靠的员工，拥有坚定的道德感，并生发出其他有价值的品质。作为父母，我们的目标是要有足够的勇气，给孩子以时间和机会来培养这些品质，并为他们树立榜样。

我们还需要接受这样的事实，孩子的成就感和自我价值感会因成功与否而起伏跌宕。我的一个年轻病人在初中时是一名明星篮球运动员，他很自信，而且在同学中颇受欢迎。但到高中时，他被安排在初级组，表现平平。在接下来的几个月里，他由原来的泰然自若、积极乐观变成了缺乏安全感、情绪低落（也是在这个时候，他的母亲恐慌地带他来见我）。我们挖掘了他其他的兴趣和才能，他决定加入一个橄榄球队。随着他的能力越来越强，他的信心也增强了，用他的话来说，"原来那个了不起的我"又回来了。我们都知道，人类的学习曲线充满起伏，当我们承认这一点时，就是在帮助我们的孩子。

父母应将孩子的成长看作一部电影，而不是一张快照。随着时间的推移，在某个时刻看起来很关键的事情往往变得不那么重要。我们关心的绝大部分问题——是2岁时上日托还是3岁时上学前班？去公立学校还是私立学校？是参加巡回比赛的运动队还是本地运动队？暑期是去打工还是参加暑期学校？选州立大学还是私立大学？——通常没有我们想象的那么重要。爱、鼓励、求知欲、对"做正确的事情"的强调，以及宽容孩子的失误和不足，才是最重要的。

当我们保护孩子免于失败，或者为他们的成功铺平道路时，我们扭曲了成长所需要的经历。相较于那个遇到挑战但其父母并未出手干预的篮球运动员来说，许多孩子的父母插手他们的选择，并在无意中设置了障碍。我正在治疗的一个病人在大学的前两年没有去上课，也没有独立完成过一篇论文。父母请家教帮她做这些事。我犹豫是否应把这个例子写进书里，这种情况太极端了。然而，当我把这件事告诉一个同事时，他却告诉我，有的年轻人以同样的方式读完了**四年**大学。当他就此事询问这个年轻人的母亲时，她说："你总不会指望我让考试分数妨碍他的成功吧？"

我并不是建议把家教从教育领域中驱逐出去。家教可以指导学生学习特别难的科目，或是核心课程中学起来痛苦但又不得不学的部分。聘请家教也让孩子们知道，需要帮助并不可耻。事实上，知道何时求助才是明智之举。如果儿童或青少年有学习上的障碍，家教可以告诉他们变通的办法以及如何更有效地学习。普遍认为，家教将弥补智力和努力之间的差距。但是请家教也向孩子传达了一个信息：你可能不够聪明。

在充满焦虑的家庭中，父母不信任孩子的智力、能力或常识。他们不相信世界会为孩子提供他们认为的生存所必需的优势条件。他们不信任老师或制度；他们需要插手孩子的事务，因为他们担心无论对孩子的要求是什么，他或她都做不好。这是一张灼人而且极其危险的不信任票。

尽管以这种方式操控孩子需要大量的金钱和精力，他们仍然乐此不疲，因为这样有种一切在掌控中的安全感。这比把适当的控制权交给孩子要难得多。我们应该认识到，这个艰难而又充满痛苦的、长达数十年的任务，需要大量的情感储备。我们内心的力量越大，就越能容忍自己和孩子生活中所有的焦虑源，继而就越能有效地掌握和示范一种深思熟虑的，而非由反射性焦虑操控的生活方式。

加强我们的情感储备

关于情感资源存在着一个显而易见的事实：这样的资源不是无穷无尽的。我们每个人都需要明白，长期处于高度压力、睡眠不足、没有足够的机会进行恢复健康活动的情况下，我们的判断力会受损，我们的决策会不尽如人意。总体来说，我们会表现得不理想。

超过70%的母亲和近93%的父亲都需要上班工作。[3] 因此，大多数家庭都是双职工，他们最严峻的考验就是时间。在占四分之一的单亲家庭中，这种情况更为迫切。[4] 随着父母争相帮助孩子抢占所谓的有限资源，竞争而非合作已经成为普遍准则。美国的贫富分化为决定孩子上哪所学校、参加哪些课程、上哪所大学增加了紧迫感。对许多家庭来说，上大学的高昂费用令人望而却步，对更多的家庭来说，则无异于雪上加霜。有时，人们连喘口气、平复一下的时间都没有。然而，做到这一点对我们的目标至关重要，我们需要持久的耐心和注意力来帮助孩子建立他们自己的适应力、能力和定力。

冥想是恢复平静的好方法。如果你和我一样喜欢这个方法（尽管我很晚才起步），那么在正念导师乔恩·卡巴金（Jon Kabat-Zinn）

的语音背景下冥想 15 分钟就可以创造奇迹。但这个方法并不适用于所有人。如果冥想对你不起作用，那就继续找寻。你在什么时候会感到更平静、更敏锐、更有耐心、更有智慧？你在什么环境下容易笑出声来？在什么时候自我感觉良好？在什么情况下或者和哪些人、在哪些地方会让你感到放松，心态积极？答案是非常主观的。当你发现那些能让你恢复元气的活动时，尽量不要把它们当成选修课，不要把它们当成生活中所有沉闷的任务都完成之后才去做的好玩的事情。这些活动是我们的加油站，应该在我们的日常计划中占有一席之地。我的一个好朋友有一个关系融洽的家庭，在工作了一整天后，她仍然要回家做饭。她觉得做饭充满创造力，也很放松。她已经成为一个厨艺不错、能在烹饪中自得其乐的人，以致她的孩子们都已成年，到了晚上总是"碰巧在附近"过来蹭饭。这对她来说就是双倍的能量补充。

当涉及调节焦虑情绪时，我们的控制力比我们意识到的要强大。即便是孩子不在家的时候，焦虑仍会累积起来。检查一下你的日常生活，问问自己，与孩子有关的焦虑在何时会飙升。是在你和别人谈论孩子的时候？如果是的话，那对方是谁？你妈妈，兄弟姐妹，还是伴侣？还是其他孩子的父母？准确地找到焦虑的根源，尽量避免这些谈话。

我们中的一些人花了很多时间和其他父母交换意见。我们常常努力提高孩子在学业上或者社交生活中的位置。当我们向其他父母询问他们孩子的表现，询问谁是最好的家教、最有才华的老师、哪一支运动队最优秀的时候，或者当我们四处打听谁被邀请参加谁的聚会时，我们误以为这是良性的竞争——我们在为孩子而战！我们这样告诉自己。尽管孩子可能不在眼前，我们的焦虑仍在持续加剧。当你意识到这种行为耗尽了你的情绪资源，使你在面对孩子、伴侣与朋友时缺少情感与精力，就要减少这种行为。哦，顺便说一句，常常这样做也会让我们忽视自身的心理健康。

当我们和孩子在一起时，对他们的焦虑做出焦虑的反应是可以理解的——尽管可以理解，但是没有好处。孩子们对很多事情忧心忡忡：我能找个人一起吃午饭吗？卡拉今天还会是我的朋友吗？克莱顿会给我回短信吗？我会入选这个团队吗？**这些担忧反映了社交能力发展的正常阶段，并不值得恐慌。**为了让孩子和我们自己保持平静，我们可以将引起焦虑的情况转变为机会：

"我可能不会被选进运动队！"

"我知道你真的很想入选运动队，但是如果你没有入选的话，你会有更多的时间。你想用这些时间做些什么？"

或者："我知道如果你没有被选中，你会感觉很糟糕，但你可以处理好。"

这些话——你会感觉很糟糕，但你可以处理好——不仅表明我们对孩子能力的信任，也表明如果他们感觉糟糕，我们也能接受。

我们自然而然会同情我们的孩子。不过有时候，同理心和过度关切之间界限模糊。即便是最年幼的孩子，与我们都是相互独立的。对于他们苦恼的深度或持续时间，甚至苦恼的原因，我们的感觉并不总是准确无误。（他们不会什么都和我们说的！）当我们的孩子处于困境时，我们总是会有强烈的感受，但那是他们的困境，不是我们的，而且在大多数情况下，我们的焦虑情绪对双方都没有任何好处。相反，我们可以做出理智的决定，减少对他们的过度关切，你可以这么说："我理解你的焦虑。我想你有办法解决。如果你需要帮助就告诉我。"

最后，还有睡眠问题。很少有父母能得到足够的休息，没有什么比缺觉更能迅速耗尽我们的情感储备了。出于某种原因，显摆"谁比谁更累"俨然成为男子汉们的荣誉勋章。如今的高中生也是如此。由于日程安排得过于紧张，再加上他们沉迷于电子设备，疲惫不堪的父母在孩子的哄骗下以为熬夜不是什么大事。另外，专家们一致同意学校上课时间太早了，所有年龄段的孩子都存在睡眠不足的问题。研究还表明，睡眠不足会导致学习障碍、学习和工作表现不佳以及情绪问题。我们发疯似地东奔西走，试图给孩子提供各种各样有待推敲的好处，然而实际上，能给孩子（和我们自己）的最好东西正是每晚充足的睡眠。[5]

缺乏充足睡眠在各年龄段学生中是如此普遍，因此，当父母打电话告诉我，他们觉得他们的孩子注意力不集中或者有多动症的时候，我很少马上约见他们。相反，我会说："我的第一次预约是从现在起三周后。与此同时，我希望你能保证孩子每天晚上至少睡足9个小时。到时候再给我打电话。"一半的家庭就不会再打来电话了。

以渐进式脱敏消除焦虑

焦虑的父母迁就孩子的焦虑，使得孩子的焦虑愈演愈烈，最终导致累积性失能，这种情况可能在小时候就出现了。孩子天生就会或多或少感到焦虑，他们天生的焦虑倾向通常与遗传有关。不管他们的基因如何，如果孩子不接触任何挑战，也不知道如何应对挑战，他们很可能会规避一切风险。表观遗传学已经清楚地表明，遗传几乎总是受到环境的影响。当你蹒跚学步的孩子摔倒在地（在日后的人生中，他还会摔倒很多次）的时候，你是袖手旁观，还是担心他的安全；是保持平静，还是忐忑不安？新的人生体验自然带来焦虑，而你对不安情绪的容忍度至关重要，并且将在多年的养育过程中不断经受考验。

儿童焦虑症通常分为以下三种类型：社交焦虑、分离焦虑和广泛性焦虑症。许多孩子都有恐惧症（即对蜘蛛、浴室、灰尘、食物等有畏惧心理），广泛性焦虑症与此类恐惧症的区别在于它涉及多重诱因。广泛性焦虑症的定义是，"对一些事情或是活动的过多焦虑和担忧状态持续至少六个月以上"。[6] 官方定义的另一种含义是，这种情绪会给孩子带来痛苦或创伤。很多孩子可能会在某种程度上有重复行为模式或注意力过度集中，这可能会让我们觉得有些神经质，但却不会给孩子造成困扰。想想那些喜欢数数、迷恋紫色或者不分昼夜地穿着蝙蝠侠睡衣的孩子。这些行为很常见，而且通常是短暂的，也不会带来真正的问题。

渐进式脱敏是对患有焦虑症的儿童和成人的标准治疗方法。这个过程包括让一个人逐渐暴露在导致他焦虑的环境中——比如试着让那些害怕狗狗的孩子接触一些性情温驯的狗。很多时候父母可能没有意识到，自己始终在陪伴孩子练习渐进式脱敏：

"妈妈，我的衣柜里有个怪物，我害怕！"

"你的衣柜里有人吗？让我们来看看。"

"不，我太害怕了。还是你打开吧。"

"好的。看到了吗？那里什么也没有。"

第二天晚上："妈妈，我还是很害怕。你再打开一次吧。"

大多数父母会连续几个晚上帮着检查衣柜，然后和孩子说："我们一起看看吧。"大约一周后，孩子就敢自己打开衣柜了。最终他不会再打开衣柜查看了，他已经不再恐惧。这一成长阶段完成了。

当孩子们接触到新的食物和衣服，学习新的技能，结识陌生人以及进入未知的环境时，这种模式会重复数百次。只要父母不对孩子的恐惧屈服，孩子就会克服他们自身的抗拒。当我们太过疲惫或注意力不集中而未能拒绝他们的时候，当我们跟他们说"没关系，我们不会从狗狗身边经过"的时候，孩子们会更容易陷入恐惧无法自拔。

这并不是说焦虑症可以完全归咎于过分迁就孩子的父母。亲子关系的类型有许多种，焦虑症可能只是微小的麻烦，也可能会产生真正的障碍。我希望我们能做的是提高意识，从一点一滴的小事中积累起勇气和自信心。理想情况下，面对孩子的恐惧或犹豫，我们可以将他们的焦虑转变为成长的机会。"哦，我记得我第一次去野营时有多紧张。但是后来我遇到了莱斯利，她也有点紧张，所以我们聊了很多，一来二去，我们就成了最好的朋友。你是个很好的聊天对象，所以我想你也会交到一些新朋友。"

通过渐进式脱敏，心理学家可以治疗大多数孩子的焦虑症。有时候，如果孩子的症状过于严重，我们会咨询精神科，考虑使用抗焦虑药物进行治疗。然后，应该逐渐让孩子接触引发焦虑的事物，同时为他或她的成功提供充足的正向鼓励。这通常需要每周6~12次的课程。与父母相比，治疗师的优势在于，我们不是在和自己的孩子打交道，所以不会那么容易受到孩子的痛苦情绪的困扰。父母也完全有可能对自己的孩子进行渐进式脱敏疗法。除了需要耐心，他们还需要拥有常识：不是每一种厌恶情绪都需要一个每周 12 次的脱敏疗程。孩子们会经历不同的阶段。在决定哪些症状需要治疗介入，哪些有可能自行缓解时，我们需要观察症状的严重程度和持续时间。

为了让你对渐进式脱敏疗法有一个大致的了解，我举一个卢卡斯的例子，他是一个 9 岁的男孩，两年来一直对使用公共厕所有抵触情绪。渐进式脱敏的阶段对大多数焦虑症和恐惧症患者都是一样的。正如我所说的，对于年龄较小的孩子，我通常会教给父母脱敏治疗法。

我首先和卢卡斯一起排演了一些放松情景——我让他做深呼吸，教给他保持正念的方法。这一点很重要，因为他需要能够帮助他在面对焦虑时保持适度冷静的方法。然后，我和卢卡斯列了一份与公共厕所相关的焦虑清单。我们讨论了什么是最可怕的，什么只是令他有点发怵。我从他的清单上挑出最不容易引起他焦虑的东西，从这点着手。他说，看到厕所的图片会产生低度焦虑，亲自去公共厕所如厕则是最让他焦虑的。我先让他看一张刊登在杂志上的公厕照片，用 1~10 分的等级来评定他的焦虑程度。如果他对直面图片感到非常不舒服，我干脆就问他："你能大声说出公共厕所这几个字吗？"我希望我和卢卡斯一起做的最初几个活动都能取得成功。我告诉卢卡斯，克服恐惧症需要真正的勇气。我先是让他进行了低程度的焦虑接触，然后循序渐进地增加接触的等级，让他直面焦虑源。我和卢卡斯从看厕所的图片开始，接着，他画出了公厕的图画,再开车经过一个地方,那里的公厕让他很紧张,继而走过公厕旁边的走廊,然后再让他走进但不使用厕所,最后,他可以去厕所正常如厕了。

  只要有机会,我就会把病人带到外面的世界,与他们焦虑的对象进行真正的接触。研究表明,比起只待在办公室里,这种脱敏方法更为有效。每走一步,他们都会对自己的焦虑程度进行评估,只有在焦虑降低的情况下,我们才会进行下一个步骤。焦虑程度不一定要降到0,但要降到足够低的级别(比如降到3或4分),也就是病人可以较好地控制这种级别的焦虑。如果他们感到压力太大,我就对他们说:"你已经做得很好了。看来这件事令你有点焦躁。也许我们的进展太快了。"然后我会回到上一个步骤。到下一节课的时候,我们再继续进步。大多数孩子完成治疗的时候,他们有的学会了完全消除焦虑,大部分则能够将焦虑控制到可忍受的程度。每一次成功的经验都会强化脱敏的效果。

  作为对儿童焦虑的一种应对方式,渐进式脱敏表明了我们对他们能力的坚定信心。日常生活中,我们不会要求他们对每一种引发焦虑或厌恶的事情进行评估,我们只是平静地询问,并温和地推动他们向前走。"你讨厌奶酪?你试过奶酪碎吗?你知道,你喜欢的比萨上就有这样的奶酪。""你害怕飞蛾?你知道,它们有点像在夜间飞舞的蝴蝶吗?我猜你可能会喜欢自然历史博物馆的蝴蝶馆。"提问、试探、打趣、教育,然后继续前进。通过鼓励好奇心来帮助他们懂得去承受焦虑。给他们一个战胜恐惧的机会。

  我们的目标始终是激发勇气和求知欲。我们不可能每一次都成功。有时候我们太疲惫了,懒得和他们为衣柜里的怪物争吵,这没关系。我们只要在大体上鼓励孩子做出勇敢的选择，多多参与，克服恐惧就好了，不需要追求做尽善尽美的父母（"尽善尽美"可望而不可即，在我35年的个人经历和职业生涯中，从来没遇到过这样的父母！）。

为孩子选择他们力所能及的活动

越有能力的人越能够缓解焦虑：这两者是密不可分的。当孩子在接触不同的人，体验新的环境以及在适应新环境时越发熟练的时候，我们可以同时给他们更多的生活自主权。就像父母本能地去实践渐进式脱敏一样，没有必要制造特殊的事件让孩子学着掌控生活或体验风险——在日常生活中就有很多这样的机会。诀窍在于，只要参与的活动和要承担的责任与他们的年龄相符（或者稍微超出一点点），就不要过度保护他们。如果我们鼓励孩子，并在这一过程中为他们提供没有主观偏见的反馈，他们就会越来越善于管理自己的时间，即使是枯燥的任务也能顺利完成。同时，他们能够学会为自己设定远大的目标，犯错后及时纠正，并且学会为解决问题而另辟蹊径。

以下清单摘自蒙台梭利育儿指南，上面列出了与孩子年龄相适应的家务及其可以承担的责任。这些都是建议，不是严格的规定。孩子掌握的每项任务都能锻炼能力，培养自信。如果家务变成了日常责任，孩子也可以从中学习成为对团队有贡献的一分子意味着什么。这是孩子成长为优秀团队成员、学生、同事、朋友、伙伴和公民的基础。尽管你的家人可能不愿意让一个 2 岁的孩子搬柴火，也不愿意让一个 6 岁的孩子削土豆皮，但根据蒙台梭利教育机构的研究，这份清单反映了不同年龄段的孩子和青少年理应掌握的家务类型。[7] 我把这份清单作为家庭作业、成绩排名以及升学准备之外的重要补充。在你的孩子去普林斯顿或圣何塞州立大学之前，他们需要知道如何煮鸡蛋或更换坏掉的灯泡。

2~3 岁	4~5 岁	6~7 岁	8~9 岁	10~11 岁	12 岁以上
把玩具放到玩具箱里	给宠物喂食	收拾垃圾	把碗碟放进洗碗机	清扫卫生间	拖地
把书放到书架上	把洒出来的东西擦干净	叠衣服	换灯泡	给地毯吸尘	更换顶灯
把脏衣服放在洗衣篮里	玩具收纳	除尘/拖地	洗衣服	清洁厨房台面	洗车/用吸尘器打扫汽车
扔垃圾	整理卧具，为房里的植物浇水	从洗碗机中取出碗碟	把洗完的衣服挂/叠起来	厨房大扫除	修剪树篱
搬柴火	为洗干净的餐具分类	为洗干净的袜子配对	为家具除尘	准备一顿简单的饭菜	粉刷墙壁
叠毛巾		喷湿露台	修剪草坪	参照清单购买生活用品	
摆餐具	准备简单的零食	花园除草	收拾杂物	把邮件带进屋	烤面包或者蛋糕
拿尿布和湿巾	使用手持式吸尘器	清扫落叶	炒蛋	做一些简单的缝补（褶边、缝纽扣等等）	做一些简单的家具维修
2~3 岁	4~5 岁	6~7 岁	8~9 岁	10~11 岁	12 岁以上

续表

为墙壁下方除尘	清理餐桌	给土豆或胡萝卜削皮	烤饼干	清扫车库	擦窗户
	把碟子擦干并放好	做沙拉	遛狗		熨衣服
	给门把手消毒		清扫门廊		照看弟妹
			擦桌子		

虽然上面列出的一些任务看起来颇具挑战，但教育工作者们很清楚，孩子会从他们所处的最近发展区（zone of proximal development, ZPD）中受益。没什么可怕的——任务只超出他们当前的舒适区一点。那些从小就能勇挑重任的孩子，自知有能力担起那些起初让人有压力的活动，长大后也能轻而易举地应对各种挑战。一路走来，他们会跌倒，会擦伤膝盖，撞到头，遭到排挤，因为多喝了一点酒而不在最佳状态。但这就是他们成长的方式，他们从而会更清晰认识到自己的优劣势，培养有用感的自信心。相比之下，当孩子对环境和活动缺乏控制力时，他们的能动性就会降低，他们未来的发展就会受阻。

以下是一个我治疗过的家庭中发生的事情。4岁的杰克的父母过来找我，因为他刚开始上学前班，就让老师忧心忡忡。杰克不参与任何讨论或者活动，在课堂上发呆。"我儿子一直都很快乐，无忧无虑，充满活力，"他的父亲说，"我不知道他怎么了。"当我去学校观察杰克的日常时，我立刻注意到了两件重要的事情。首先，因为课堂上有很多要学的内容——比如字母和数字，所以学龄前的孩子被老师要求待在他们的座位上。一般来说，男孩比女孩更难做到这一点。因此，杰克经常因为频繁走动而受到温和的责备。在早晨，我看到他越来越无精打采。

其次，提出有正确或错误答案的问题就意味着小学生会经常"答错"。对一个4岁的孩子，我们怎么能指望他们全知全能呢？我看到，当孩子们热情积极地给出答案，却被老师告知答错的时候，他们立刻就会泄气，陷入沮丧。看着没有一个孩子能够受到环境的积极影响，我仿佛就在实时目睹习得性无助的形成。

我向杰克的父母提出建议，他们的儿子和大多数学龄前儿童一样，需要一个允许频繁四处走动的空间，以及允许反复试错、不断摸索的学习环境。哈佛创新实验室常驻专家托尼·瓦格纳（Tony Wagner）告诉我，他想用"**试错**"来代替"**失败**"一词。瓦格纳博士重视孩子们不太理想的尝试和不成功的开始，他们从中吸取经验，逐渐成长。他说，"否则，这就像告诉婴儿在能表达出完整的句子之前不要说话"。只有看重各类答案，而非仅仅关注对错的老师，才能帮助杰克茁壮成长。这也是最适合大多数孩子的学习方式。

我向杰克的父母解释说，学业成功的最重要因素是参与度。参与度囊括了情感、认知、行为等方面的因素。像杰克这样的孩子应该对学前班抱有很大热情，对学习充满兴趣，在课堂上表现得积极活跃。而在这所学校，杰克的参与度极低，而且他并不是那里唯一沉默的孩子。班上大部分人出奇地安静。在学前教育中，这是某种退缩和脱离集体的表现。一个良好的学校环境，特别是对这么小的孩子来说，应该是活跃喧闹、充满活力和热情的。当我在为我的儿子洛伦物色幼儿园的时候，一位校长把我带到一间4岁孩子的课堂上,对我说:"看到了吗?你可以听到一根针掉在地上的声音。"我转头就走了。显而易见,像我大儿子这样活泼而又热情好动的孩子,将会成为校长办公室里的"常客",在训斥和管教中度过他的大部分学前教育时光。

在转到一个以游戏为主的学前班后的几周内,杰克又做回了无忧无虑的自己。这段经历让杰克的父母意识到,为孩子选一所与孩子活泼好动、好奇心强的个性相契合的学校是多么重要。他们会为杰克提供尽可能多的机会去探索他的世界,为他的努力鼓掌喝彩,并鼓励他继续学习。当他没有正确回答某个问题时,他们不会告诉他"错了",而是用心理学家惯用的简单回应,"再多说一些你的想法"。当孩子还小的时候,2加2等于4、5或6其实并不重要,关键是要了解他们的思考方式、内心的想法,以及他们如何看待这个世界。以后会有足够的时间逐渐让他们知道"正确"的答案。显然,在某个时间点,你的孩子会学到2加2等于4,但这是目前为止教育中较为轻松简单的部分。**激发起求知欲和对学习的热情,拥有一个开阔有趣而敏捷的思维比记忆数字重要得多**。在谈及未来有价值的技能时,我所接触到的每一位商业领袖都强调了这一点。

评估风险

培养孩子的自信心和独立性的一个重要环节,就是帮助他们踏上属于自己的冒险旅程。从一个人过马路,到和朋友一起步行上学、骑自行车在小区里转悠或者在家附近玩滑板,再到乘坐公共交通工具、去购物中心、学开车，再到和班级同学、俱乐部成员或朋友们一起旅行。每走一步，父母们都可能遭遇来自邻居和其他家长的警告，无论是当面告诉你，还是在比如邻里网（Nextdoor.com）这样火爆的网站上评判你的行为。没完没了的抱怨促使曾经当过记者的勒诺·斯克纳齐（Lenore Skenazy）有了成立"让孩子自由成长"（Let Grow）组织的想法。这个组织旨在"反对过度保护的文化"，它的网站上汇集了各种新闻标题，比如：《公司向惩教署和青少年家长兜售电子脚踝监视器》，或者《他径自走向外婆家：爱管闲事的人提醒警方注意一个8岁男孩正独自走在街上》。网站上还有一个专栏专门揭露耸人听闻事件的真相，并对儿童绑架、性交易以及其他父母恐惧的事情提供准确数据。[8]

撇开夸大的犯罪统计数字不谈，不可否认的是，每个星期似乎都会出现集挑战、机遇与风险为一身的事件。我们如何知道一项活动对孩子来说是否真的太危险？就在我写到这儿的时候，电动滑板车正在旧金山拥挤不堪的城市街道上飞驰。这是快速到达不远处的公交站的好方法。但最近有朋友看到四个高中男生，他们没戴头盔，踩着滑板，在她家门前的人行道上以最快时速（15英里/小时）飙车，并利用街道10英寸落差的上坡做出高难度的空中动作。我自己28岁的"孩子"就刚买了一辆这样的滑板车。我喜欢他这样吗？当然不。所以我祝他好运，并给他买了一件黄色背心，这样能向路人发出一些明显的（也可能是不必要的）警告。我想让你们知道，父母的警惕基本上是一种日常的"慢性疾病"。我们需要调整心态，适当地放慢节奏，偶尔屏住呼吸，然后回归我们自己的生活。

问题不仅在于我们需要了解到一项活动是否危险，同样重要的是，我们如何教会我们的孩子评估风险。一个简单的方法来自科林·鲍威尔将军，在让情报官员评估部队情况时，他会将问题分成三个范畴："告诉我你知道什么，告诉我你不知道什么，然后告诉我你的想法。"[9] 当我们向孩子提出同样的问题时，我们应该让他们给出答案，而不是自己去填补那个空白。如果一味命令，就会适得其反，"你对电动滑板车了解多少？你知道它跑起来有多快吗？每小时15英里！就是这么快！"更为行之有效的方法，是建议孩子们在网上研究滑板车，然后反馈给我们。他们可能会认识到一些令人清醒的问题，比如当一个没戴头盔的人以时速15英里的速度撞上人行道时，头骨会受到怎样的伤害。一旦孩子收集到了这些信息，我们就应该鼓励他们清晰地阐明结论。

我喜欢鲍威尔将军关于三个范畴的划分，对于孩子评估一生可能会发生的风险，这种简单的分类赋予了他们所需要的品质：深思熟虑以及批判性思考的习惯，其中包括考虑替代方案，进行研究，得出合理的结论，堪称是理性决策的简约典范。

父母和孩子也会发现，将承担风险视为解决问题的契机大有裨益。想象一下这样的场景：你15岁的女儿想去她朋友丹尼尔家参加派对，而你知道他的父母不会整晚都待在家里。你很确定这种情况在女儿的处理能力范围之外，会给她带来无法想象的风险。你可以大而化之地说句"不行"，但她无法学会如何在父母可能不在场的社交场合对风险进行评估。更好的方法是谈论不同选择的利弊。在询问她对这个派对的想法并洗耳恭听之后，你就可以说出你担心的问题了，这很可能属于鲍威尔将军的"你不知道的"范畴。

"丹尼尔是个好孩子。我明白你为什么想去参加派对了。但我猜派对上可能会有酒,你知道我不希望你喝酒。酒精会影响你这个年龄的孩子做出理智的决定。"

"妈妈,我会没事的!"

"有的时候,派对可能会发生你掌控范围之外的事情,你还没有足够应付这种情况的经验。"

"听着,派对上确实可能会有人喝酒,如果别人开始胡闹,我可能会感到有点紧张。但是那又怎样?如果发生了什么事情,我会给你打电话的。"

"打电话是没问题,但光靠电话我还是不放心。"

"你什么都不让我干!我什么时候能像其他孩子一样出去玩?"

"这次不行。我很高兴你明白酒精会影响判断力。这就是为什么父母会在派对那天整晚待在家里。"

我提供了这个对话样本,是因为我知道,现实生活中的对话不可能像育儿书中写的那样顺利。我无法把做出命令时的白眼和轻蔑的表情写进对话里。然而,在这样的交流中,我们可以尊重孩子的观点(有助于提升他们听从我们意见的可能性),同时将合理的担忧告诉他们。在女儿拒绝之前,这位母亲正在帮助她的女儿思考风险、选择和意料之外的后果。而青少年的大脑还不太擅长这种思考问题的方式。

在大多数情况下,父母可以用一个简单的经验法则来帮助自己判断孩子是否准备好承担下一层次的风险了:考察一下孩子对前一个层次的风险的管理水平。比方说,你10岁的孩子已经独自骑着自行车在家附近的街区转了大约一周的时间了,现在他迫切希望能被允许在附近的郊区骑车转转。这个请求会使你的血压升高。如果他摔倒了怎么办？如果他的轮胎爆了怎么办？万一有个变态佬从灌木丛里跳出来抓住他，该怎么办？！

　　你的首要任务是安抚自己的紧张情绪。大多数人都会意识到自己正在小题大做。其次，看看他是如何在街区内骑自行车的。他负责任吗？能像自己承诺的那样准时回来吗？他有没有爆过胎，知不知道爆胎之后该如何修理轮胎？最后，和你的儿子谈谈，为下一步设定一些适当的限制。"你可以骑自行车逛三十分钟左右。让我们先看一下情况如何，然后再讨论能不能骑到更远的地方兜风。"无论是决定何时让蹒跚学步的婴孩从更陡的滑梯上滑下来，还是决定该不该允许上高中的孩子在高速公路上开车，这条经验法则都起着至关重要的作用。

　　自我规划和评估风险的能力一直都很重要，尤其在充满变动的时代，这将是一项标志性的技能。这就是为什么在做决策的过程中对孩子保持透明会对孩子产生有益的影响。我们不应该仅仅发布"好"或"不好"的指令，或者因为疲于争辩而向他们屈服。当然，当我们只能说"好"或"不好"的时候，这么做也无可厚非。毕竟我们也是人。但我们必须努力做到清晰透明。

从悲观到乐观的转变

　　习得性无助的一个特点是，认为自己在改变自身环境上无能为力。这就好像我们头脑中有一个叙述者在喃喃自语，源源不断地发表贬损自己的负面评论。当我们试图对生活中的事件做出解释时,这一串恶语无异于定时炸弹。我们每个人都有一种解释事情的风格,即我们向自己解释事情发生的原因和意义的习惯方式。比如说,你刚刚在工作中搞砸了一场演讲。乐观的解释方式大概是:"我本应该准备得更好。他们相信我能成功,我知道我可以完成这个任务。我只是需要付出更多的努力。"这通常会带来更加充满力量的自主性。悲观的解释方式是:"把事情搞砸也算是我的常规操作了,我真是个失败者。我可能会因为这个被炒鱿鱼。"而后者通常会导致习得性无助。我们不会以同样的方式解释每一件生活中发生的事情,但是我们解释事情的方式一直会有某种特定的倾向。

解释事情的方式是由我们对三个关键要素的态度决定的:持久性、普遍性和个人化。

持久性

那些轻易放弃、屈服于无助感的人,认为糟糕情况背后的原因永远不会改变,他们觉得,现状会一直持续下去。"我永远也做不到这一点。"那些抗拒无助感的人则认为,糟糕情况的起因不过是暂时的。"今天很辛苦,明天会好起来。"以乐观的方式解释事情的人可能会暂时泄气,而消极悲观的人(想想《小熊维尼》里的屹耳)则总是会放弃。

普遍性

当失败发生在某个方面时,在解释方式上趋于消极的人会将挫败感推广到整个人生,认为糟糕的情况普遍存在。他们经常小题大做，一旦出了问题，就声称一切都正在或者将要分崩离析。"我什么事都做不好。"而较为乐观的人，可能会对某个特定事件感到不安，却不会以偏概全。"我不擅长数学，但我的英语真的很好。"对于生活中受到冲击的方面，他们可能感到无助，但在其他领域却坚定不移地前行。持有乐观态度的孩子可能会感到沮丧，却依然会更加坚定努力地完成课业；当抑郁情绪过后，他们并不会在学业上落后。

个人化

当不幸的事情降临时，悲观的人经常会认为事情搞成这样是他们个人的问题，因此责备自己，将问题内化。"我是个白痴。"而乐观的人会倾向于外化问题，把责任推给外在的环境。"我猜老板今天心情不好。"持续将问题内化会贬损个体的自尊。

在治疗中，我们用认知行为疗法（Cognitive Behavioral Therapy, CBT）应对患者对事物的消极解释方式。认知行为疗法通常被认为是治疗抑郁和焦虑最有效的方法，它基于的观念是，我们对某种处境或情形的有意识的思考在很大程度上决定了我们的感受。

以下是一个家庭里的成员如何改变他们解释方式的例子。当阿什利的 SAT 考试成绩不是特别好的时候，她认为再考一次也没有什么意义了，尽管那时她还有一年才毕业。她说，她不可能进步，因为她很"笨"，而且是个"失败者"。为了证明这一点，她说她的一些朋友都考得非常好。但是她忽略了那些在第一次考试中同样没有取得理想成绩的孩子。她郁郁寡欢，以泪洗面，深信高中毕业后她会拿着最低时薪，在卑微的工作中虚度此生。她的父母试着关心她，但他们在每天晚餐时都跟她谈论考试，建议她上预科班，想给她请家教并提出其他各种建议，这让她更加焦虑。阿什利的母亲不断询问丈夫，如果女儿拒绝再考，或者如果她第二次成绩还是不理想，该怎么办。她多次致电学校，询问如何提高阿什利的考试成绩。于是，学校辅导员把阿什利和她的父母介绍给了我。

我首先注意到的是，阿什利解释事情的方式非常有限。她是一个将问题内化的完美主义者。照她所说，发生在她身上的每一件不愉快或不舒服的事情都是她的错。比如，她跟我说起，中学时的某天，曾经和她一起吃饭的朋友没有再邀请她共进午餐（典型的中学创伤），她说从那天起她才意识到自己是多么不讨人喜欢。我跟她说，看问题的角度有很多种，在中学时被拒绝这件事可以用另一种方式解释，她却感到非常困惑。

我们开始了认知行为治疗。我指导阿什利去认识并质疑她自己解释问题的方式，起初她觉得这项任务很难应付。她需要我进行大量辅导，才能想出其他可能的解释（可能是因为中学女生为人刻薄，也可能是阿什利的美貌威胁到了她们在班级上的地位，或者是她们和家人吵了架，把气撒在她身上）。阿什利进行了大约12次认知行为治疗，才学会通过对自己发问，来反驳自己对事情的本能解释——一切问题都是她自己的错。她学会了这样问自己：发生了什么事？这些事情带给我什么样的感觉？为什么我会这样想？我有什么证据证明这样解释就是正确的？对于发生的事情，是否还有其他解释？显而易见，除了减轻甚至根除心理问题，认知行为疗法还可以强化批判性思维。

我和阿什利父母的谈话集中在帮助阿什利的母亲改变她悲观的解释方式上。（固有的解释方式可能存在遗传成分；许多悲观孩子的父母一方或者双方都有相同的倾向。）一旦阿什利和她的母亲掌握了应对自身解释方式的技巧，她们就可以合作，互相捕捉对方的消极想法，要求对方为悲观的解释提供事实依据。

阿什利和她的妈妈都很难变成乐观的人。然而，当陷入悲观情绪并小题大做的时候，她们能够充分地改变自己的想法，并且对自己和对方的思维方式表示怀疑。改变解释方式也有助于解决阿什利过度思虑的问题——她会反复思量糟糕经历的前因后果，这种特征在女性身上更为常见。[10] 阿什利欣慰地发现，如果她有意挑战自己的消极想法或转移注意力，她就不会过度思虑。改变悲观的解释方式，往往从反驳内心的消极叙述者开始。

阿什利在毕业前一年的期末又参加了SAT考试，这次她考得比之前要好。毕业那年的秋季，她第三次参加了考试，成绩更加优秀，进入顶尖大学也很有希望。她终于可以自豪地说："发生一次的事情并不足以毁掉你的整个人生。"

培养乐观的态度

习得性无助的概念由马丁·塞利格曼（Martin Seligman）提出。他是一位有着开创性贡献的心理学家，在1998年提出了积极心理学的概念。他将这个全新领域概括为"在多个层面上对人类机能和成长有积极意义的科学研究"。[11] 在塞利格曼之前，对人类大脑运作的研究几乎完全是从精神疾病而非心理健康的角度进行的。在研究了有助于心理健康的因素后,塞利格曼开始相信,我们每个人心里都有一个词——不是"是",就是"不是"。乐观是肯定的;悲观则是否定的。童年的悲观情绪是成年悲观情绪的前兆,还可能会导致抑郁症,所以必须尽早处理这个问题。

我经常建议父母们尝试塞利格曼的"ABCDE"法则来帮助孩子克服悲观情绪。通过下面的例子,我将简明扼要地阐释这个法则:

A 代表不好的事情(Adversity)。一个10岁男孩哭着回到家里,因为他希望加入棒球队,却在选拔中被淘汰了。

B 代表你对这件事的想法(Belief)。父母问儿子对发生的事情有什么看法。他回答说:"我的很多朋友都加入了这个队,所以我是个失败者。他们可能不想和我成为朋友。我永远都没办法酷酷的了。"

C 代表你依照自己的想法做出的行为,也就是后果(Consequences)。他们问那个男孩如何应对这种失望。"午饭时我一个人坐在角落里,"他告诉父母,"我没有和任何人说话。"

D 代表反驳(Disputation)。通过举例,父母教儿子如何应对他的负面想法,并向他保证,对自己的消极观念进行反驳会让他感觉更好。他们通过一系列问题来引导这位失望的棒球手,就像用于挑战和改变解释方式的认知行为疗法一样。几轮反驳的结果非常振奋人心："好吧，我不太擅长棒球。但是棒球对我来说不是最重要的。事实上，我最喜欢的是我擅长的数学。我入选了数学竞赛队，我到底还是入选了一个队伍的。"

E 代表激发能量（Energy）。据他的父母说，当男孩挑战自己的悲观想法之后，他已经从失望中恢复过来，蓄势待发准备继续前进。在轻松愉快而又对未来充满希望的情绪之下，他甚至成为一个语言大师。"打不好棒球有点糟，"他说，"我想我会继续努力的。但是我会把更多的精力投到数学上。我是数学健将！"

研究告诉我们，帮助他人会增加乐观情绪。对他人表示感谢也有同样的效果。这些对情绪的干预是有价值的：乐观并不仅仅意味着没有悲观情绪；它是一种有诸多裨益的思考问题和接触世界的方式。乐观主义者比悲观主义者更快乐、更健康、更有韧性。他们不会过度思虑，有更好的情绪控制力，在学校、工作和比赛场上都表现得更为出色。

从固定型思维向成长型思维的转变

心理学家卡罗尔·德威克（Carol Dweck）以塞利格曼的理论为基础，研究了习得性无助以及解释方式与课堂学习的关系。德威克发现，不论是孩子还是成年人，不是以固定型思维就是以成长型思维处理问题。拥有成长型思维模式的孩子相信，只要努力，就有可能变得更聪明；他们把失败的开始和不成功的尝试视为机遇。而拥有固定型思维的孩子则尽量避免犯错；他们认为，如果自己不能第一次就做对某件事情，就不可能取得进步。一个有着固定型思维的4岁孩子会重复拼同一个简单拼图，而不是冒着失败的风险，去尝试难度更高的拼图。有着成长型思维的孩子们不理解，当世界上有那么多有趣的挑战时，为什么有人会重复做同样的事情。

德威克的研究对成年人和儿童同样重要。世界各地的公司都采用这一方法来培养员工的成长型思维。在这个适应变化的能力对团队成功至关重要的时代，员工不能僵化地看待自身的智力、能力和竞争力。

将孩子的思维模式从固定型转变为成长型的努力应该成为家庭的日常事务，而吃饭时的谈话就是一个很好的开始。与其询问考试成绩，父母不如问："你学到了什么？"与其询问年轻的运动员比赛得分和胜负，不如问问他在哪些方面表现出色，又在什么地方犯过错误，以及他从成功和失败中学到了什么。我还建议父母告诉孩子他们自己犯过的错误，以及将失败和失望转化为学习经验和机会的方法。孩子们不是总能意识到或者理解成年人每天都要面对挑战，这些挑战通常力所能及，但有时可能也会超出范围，而父母在面对挫折时表现出的坚韧与毅力将是孩子的榜样。

我还认为解释成长型和固定型思维的含义，以及它们对大脑的影响将会对教育孩子有帮助。孩子们喜欢了解大脑的内部运作。我曾经为一个小女孩做过咨询，她来时的思维模式十分僵化固定——这并不奇怪，在家庭生活中，正是固定型思维占据了主导地位。晚饭时间，每个人都在念叨着自己当天碰到的糟心事，抱怨自己有多烦：妈妈做饭时把锅烧煳了；爸爸因为地铁事故所以开会迟到了；弟弟没能进校队；她喜欢的男孩和另一个女孩好上了。基于这种情形，这次咨询转变为向整个家庭提供帮助，在个人和家庭的共同努力下，成长型思维占了上风。现在的晚餐时间大不一样了，每个家庭成员都在注意是否有人退回到固定型思维。幸运的是，每个人都接受了将晚餐变成好玩的晚间仪式的建议。实际上，只要解释得当，家庭成员又怎么会反对成长型思维呢？

　　为了鼓励成长型思维，我敦促家长不要只凭孩子的成绩来评判他们，而要对他们敢于冒险、尝试新事物的勇气予以肯定。我还告诉他们，他们帮助孩子从固定型思维转变为成长型思维，也是在帮助孩子完善大脑的运作方式：最近的研究表明，与那些有着固定型思维的孩子相比，拥有成长型思维的孩子在与学习相关的大脑区域有更多的神经元连接。毕竟，我们的大脑天生就对学习新事物感兴趣。一个很适合在晚餐时间讨论的问题是："你今天学到了什么新东西？"

父母和孩子都在提升自我

　　帕克兰枪击案发生六个月后，马乔里·斯通曼·道格拉斯高中迎来了秋季学期的第一天。媒体为此采访了许多父母，其中包括瑞安·佩蒂，他的女儿阿莱娜在枪击案中不幸丧生。而他的儿子帕特里克要读高三了。采访者询问了这天早上佩蒂一家的心情——其余的家庭成员是如何度过这个沉重的日子的？瑞安·佩蒂说，他们曾经讨论过这件事，他的儿子已经回到学校好几天了："（我们）由衷地为他感到骄傲。不论是他自己回学校上课，还是帮助其他学生重返校园、不再感到恐惧，他都展现出了极大的勇气。"这位父亲接着透露了自己下半年的计划：他将竞选当地学校理事会的一个席位。"学校理事会为孩子和老师做出的决定生死攸关。而我觉得，如果想要影响政策制定，确保保安系统顺利运作，最好的方式就是在理事会上拥有一个席位。"[12]

佛罗里达州那些受帕克兰枪击案影响的家庭和其他家庭没有什么不同。儿童和青少年有能力改变他们与世界打交道的方式。当家庭发生变故时，成年人也会做出深刻的改变。在没有外在变故的推动下，我们需要自己推动转变的发生。我们可以调整养育方式，帮助孩子变得更有能力，拥有更健康的心理状态。他们可能不会像马拉拉那样17岁就获得诺贝尔和平奖，也不会发起像"为我们的生命游行"这样的运动。但他们可以找回青少年与生俱来的热情、好奇心、积极主动和冒险精神。

我相信，所有青少年和儿童都能做出富有勇气和同情心的壮举。我朋友的儿子瑞安13岁时得了癌症，接受了化疗。为此他的朋友们全体剃了光头，以表达对瑞安的支持。他们说希望通过这样做改变班上同学的看法，希望其他孩子不会再把瑞安看成怪人。这个年龄正是青少年培养道德感的阶段。当孩子在道德困境中挣扎时，我们能给予的任何支持都是有价值的。通常情况下，哪怕仅仅是倾听他们对关乎地球、国家以及自身伦理问题的思辨就已经足够了。耐心再加上几个恰当的问题，比任何长篇大论都更能促进他们的思考。

　　为了迎接孩子即将面临的挑战，帮助他们成长为有思想、有道德、自信而独立自主的成年人至关重要。在这一章中，我们了解了他们可能会陷入怎样的困境，并且学会了如何帮助他们重新获得动力。接下来，我们将探讨孩子最需要的具体技能，以便他们在难以预测而必定不同凡响的未来占有一席之地。

第六章

什么是 21 世纪必备的技能？

> 我知道，每个人都在谈论专属于 21 世纪的技能。拜托，这也太不靠谱了。孩子们需要的是硬技能，而不是什么软实力。我的孩子刚刚在他的高中创办了一个投资俱乐部。记住我的话，这才是获得美好生活的门票。
>
> ——一名 17 岁高中生的父亲

21 世纪已经过去 20 多年了，家长和教育工作者仍在试图定义"21 世纪的技能"，而其中包含的可能性似乎无穷无尽。孩子在进入大学之前应该掌握的专业知识，已经膨胀为一份长长的待办清单，与其说这振奋人心，倒不如说是令人望而生畏。当然，对于培养全面发展的学生来说，像阅读、写作、历史、地理、数学和科学这样的核心课程和从前一样重要。但近年来，学业必修课程的清单上增添了很多内容。在充满不确定性的时代，每个人都对所谓的必备技能有不同的想法。

教育工作者们正在尽最大的努力来解决这一困境，某教育智库在 2015 年发布的一份内容丰富、备受关注的文件中说明了他们所面临的问题。《P21 框架定义》（*P21 Framework Definitions*）呈现了将传统科目和"21 世纪学习主题"结合起来的课程体系。[1] 这些课程包括全球意识、金融、经济、商业、创业素养、公民素养、健康意识，以及环境素养。信息、媒体以及科技技能也被认为是必不可少的。此外，这个框架还包括一系列值得拥有的生活技能和职业技能，其中包括领导力、协作力、项目管理等等，除了必须掌握的基本科目外，这些技能都被认为是极其重要的。[2] 为了给这些新课程腾出时间，学校教育删减了什么？艺术、音乐、体育和课间休息——但正是这些看似无用的东西使学生的身心健康得到保护。

我并不是说，学生无法达到这种广度的知识面。但《教育周刊》（*Education Week*）2017 年的一篇文章指出了这种全面改革的弊端："一种担忧是，为了让今天的学生经得起未来的考验，标准高得不切实际。另外，一些专家担心，即使美国的学校能源源不断地输送（优秀人才），可能也无关紧要"，因为自动化和人工智能可能会改变或者淘汰许多工作岗位。[3]

我同意这个说法。对 21 世纪不断扩充的技能清单了解得越多，我越怀疑这些技能过犹不及。编程在几年前还是备受吹捧的一项技能。专家建议所有的孩子都应该学习编程，就像学习他们所有科目的基础知识一样。别的不说，程序员总是可以找到工作的。而到了 2019 年，人们普遍认为人工智能很快就能对大部分自身的程序进行编程——事实上，一些计算机已经在自己编程了。[4] 因此，一个看似绝对稳妥的学科或者技能优势在短短两年间就被将编程视为语言的数据分析取代了。像这样的迭代很可能会一直持续，并且更新换代的速度越来越快。

无论未来如何，我们是否有可能预见哪些知识和能力能够更好地帮助我们的孩子？有没有可能教给孩子们一套适用于任何天赋和兴趣的技能，让他们不管选择何种工作都能游刃有余？我们该去向谁求教呢：教育工作者？心理学家？职业顾问？科学家？教育工作者们想要扩展"核心"课程，科学家希望加入更多的与科学、技术、工程和数学教育（STEM）相关的项目，心理学家则想要更多社交和情感学习（SEL）的课程。就像盲人摸象，单一学科的专家都只能看到问题的一部分。但是我们需要看到问题的全貌。这些关于教育问题的不同观点能融合在一起吗？还是我们需要一个全新的策略？考虑到不远的未来充满不确定性，而解决方案似乎又如此多样，我切身感受到了技术人员所说的"恶魔般的问题"向我们发起的挑战。这些棘手的问题很复杂，难以定义，相关信息并不完整甚至还自相矛盾，让人无从下手。我知道我需要广泛撒网，倾听不同观点，以便制订出一套便于理解、易于操作并经得起时间考验的指导方针。

生活在 VUCA 时代

我从一个简单的问题着手开始我的调查：哪些人已经掌握了应对极端不确定环境的方法？我突然想到了一个曾是海豹突击队队员的朋友。在喝咖啡的时候，我告诉他，有些家长向我坦言，他们觉得自己没有能力应对这个令人不安、充满变数和动荡的世界，我还向他描述了教育工作者为满足这个时代对人的要求所做的尝试。

"啊,是VUCA,"他回应我,"这是一个高度概括当今世界的缩写:不稳定性(Volatile)、不确定性(Uncertain)、复杂性(Complex)、模糊性(Ambiguous)。"虽然"VUCA"相关的概念一开始用来描述"冷战"结束时动荡不安的世界,但这个缩写直到20世纪90年代末才出现,并在2001年的恐怖袭击后才流行起来。VUCA成为一个用来总结伊拉克和阿富汗极端战争状况的标准军事术语。地面部队和军方高层意识到,要想在一个总是多变而混乱的环境中高效工作,需要建立更多的横向指挥链,对传统的军事训练和教育进行重新评估。

在研究VUCA的过程中,我了解到这个词已经被企业家们采用,尤其是在2008年至2009年金融危机之后。但在早期的讨论中,人们忽略了伴随混乱的创造力而生的伦理困境。直到黑客影响了2016年美国大选之后,科技在道德层面不受约束的局面才得到应有的重视。在VUCA时代,道德开始成为关注的焦点。

高校职业顾问这一与未来工作密切相关的群体也面临着VUCA的挑战。职业顾问的任务是为学生提供指导,引导他们找到有价值且在经济上有回报的职业。他们得出一个发人深省的结论:再也没有终身职业这回事了。2011年,《美国学术指导协会杂志》(*NACADA Journal*)发表了一篇题为《VUCA背景下的职业咨询》的报告。作者收集了就业、行为经济学、社会学等相关领域的91份资料,得出以下结论:

> 对终身职业的期望不再现实,因为职场是如此瞬息万变,前

景是如此难以预测，因此，没有任何一门课程能为学生提供一项可以确保一生衣食无忧的技能……雇主们也了解到，他们不能期望高中或大学毕业生一进入劳动力市场，就拥有足够履行工作职责的专业技能和知识……

在VUCA的工作环境中，职业安全感并非来自某份工作，而是源于自觉地培养技能和专业知识，以保证自己的就业能力……职业顾问必须帮助学生认识到，选择完美的专业或课程项目并不会为学生在具体职业的成功上提供所需的具体专业知识。他们需要把正规的高等教育看作是技能养成的准备阶段，他们将通过多种手段和媒介来完成终身的知识学习和技能培养。[5]

领英的高管们对职业顾问的这些观点表示赞同，其首席人力资源官克里斯蒂娜·霍尔（Christina Hall）说："光有一技之长是不够的。我们已经转变了用人标准。我们可以教授技能，但我们需要情商高、态度好、有不断学习能力的员工。"

如果这是毕业生们要面临的未来，就意味着我们应该对课内和课外"多多益善"的思路进行重新评估，我们应该调整学校的教育方式，使其更侧重于知识教授和心理培养，为学生在快速变化的职场中提供最需要的技能。

人工智能的影响

写这本书最有趣的一部分是，因为人工智能的飞速发展，专家们对未来10年、20年乃至30年后我们的世界可能会是什么样子缺乏共识。从谷歌研究总监彼得·诺维格（Peter Norvig）这样的计算机科学家，到未来研究所（Institute for the Future）杰出研究员鲍勃·约翰森（Bob Johansen）这样的社会科学家，在我与这些业界领袖交谈的时候，他们达成的唯一共识似乎是，人工智能将会在未来产生极大的影响。人工智能到底仅仅是检查冰箱里牛奶存量的应用程序，还是将带来机器人与人类的战争，目前尚不明确。我认为它应该不会像核武器那样带来极端的结果。希望如此吧。

科技以人工智能为驱动力量，机器人因人工智能而发展到更高水平，推动文化发展的社交媒体被其操控，民主制度可能也会受到人工智能的影响，医学正在被它改造，气候变化可能会在它的帮助下得到改善，工作岗位已经因它而发生彻底改变，人类共同的命运将取决于我们对它的控制和引导能力。当我们试图建立一套培养孩子的准则，让他们在这种环境中茁壮成长时，我们要记住，孩子的未来将在很大程度上取决于人工智能的开发和使用。

这也正是我们在本书中一直在努力解决的不确定性的核心问题。我们不得不这样假设，即使是那些看起来抵触人工智能的领域，比如对不同语境下语言的理解，最终至少也会被部分掌控。因此，培养孩子的方案中不仅要包括学业课程，还要帮助他们培养适应力，对终身学习以及必将面对的挑战的兴趣。或许最关键的是，他们将需要拥有强有力的道德感，来应对人工智能和技术带来的日益复杂的道德伦理挑战。

软技能其实不"软"

有两种技能对孩子的幸福和未来至关重要。一种是"软技能",比如像协作和沟通,也可以称为"基本技能";另一种是更容易量化的传统学科以及如编程这样的技术学科,它们被称为"硬技能"。

如果我们真的想让孩子在一个充满不确定性、快速发展的未来大展拳脚,我们应知道必不可少的技能就是适应能力。**终身学习将是职业保障的关键**。除了个人特定的专业领域(如生物学、经济学或法律)所需的硬技能之外,终身学习还涉及变通能力、好奇心、创造力以及协作等能力。这些技能至关重要,需要付出努力和智慧,可以被教授和学习,与"硬技能"一样具有挑战性。甚至,"软技能"更不易掌握。

之前的几代人在大学毕业后会根据学习成绩被录用,然后在公司或政府公共部门的某个岗位工作几十年,全然不考虑他们的社交技能和发展前景。我们的孩子不可能再有这样的机会了。他们需要不断提高专业能力和基本技能。雇主们很清楚,综合能力最有价值。协同合作要求我们懂得倾听、提问、准确地理解他人的肢体语言,清晰地表达出想法以及谦虚地分享已知信息和荣誉。越是具有挑战性的工作,就越需要一个人娴熟掌握这些技巧。要想在包括科学在内的任何领域取得成功,合作都必不可少。

作家大卫·布鲁克斯(David Brooks)在《纽约时报》上发表了一篇题为《懦弱的蔡美儿》(*Amy Chua Is a Wimp*)的文章,风趣犀利地阐述了类似观点。蔡美儿当时刚刚出版了《虎妈战歌》(*Battle Hymn of the Tiger Mother*)，这本书虽然偶有自嘲，但还是严肃地肯定了那些要求苛刻、铁面无私、事无巨细地掌控孩子生活的亚洲母亲以及她们培养出的所谓优秀学生。众所周知，蔡美儿不允许她的两个女儿出去约会或在朋友家过夜，玩电子游戏，也不让她们画画或者做手工。相反，她却坚持让她们长时间练习乐器，当然，学习成绩也必须很优秀。

"我认为她过于娇惯孩子，"布鲁克斯写道，"在她的保护下，她们无法参与那些最最耗费智力的活动，因为她不明白哪些活动会造成认知的困难，哪些不会。"布鲁克斯说，花四个小时练习一首曲子比在一群14岁的女孩中游刃有余简单得多。"然而，掌握这些艰难的技能才是成功的关键所在。大多数人以小组为单位工作。我们之所以这样做，是因为团队在解决问题时比单打独斗更有效率……加入一个运转良好的团队实属不易。这需要你信任自己亲友圈子之外的人，读懂他们的语气和情绪，理解如何才能让各种心理状态的人们有机地在一起工作。"[6]

年轻人在大学毕业后的第一个十年里平均会换四次工作。[7] 因此，无论你的孩子在哪里工作，他或她的同事都将是走马灯似的角色。《VUCA环境下的职业建议》(*Career Advising in a VUCA Environment*)一书的作者写道："雇主们明白，如果掌握正确工作技能的新员工态度不好，尤其是影响到了其他员工，那么这种员工很快就会成为企业中代价高昂的拖累。然而，有着良好的态度和人际交往技巧且有学习能力的人，则可以从优秀的培训师那里学习新技能。"[8] 虽然这听起来有些老套，但千万不要低估培养孩子待人接物态度的价值。这意味着要教导他们拥有包括乐观、同情、感恩、自我反省、谦逊、勇于接受挑战和包容不同观点等多种品质。

教授基本技能的挑战之一在于，我们对这些技能的具体内涵和教授方法有些摸不着头脑。乍一看，它们似乎模糊不清，毫无实质内容。家长们说，"我没有看到任何一个工作岗位要求'在合作中善解人意'或是需要一个'乐观的合作者'。"我们常常认为，硬技能才是重要的，而软技能仅仅起附加作用。然而，无论是非营利部门的工作，还是一向艰苦的金融部门的岗位，都已经今非昔比了。商业银行大众金融投资有限公司（BDT & Company）的创始人、董事长兼首席执行官拜伦·特洛特（Byron D. Trott）认为，创造性地解决问题和持之以恒的毅力是至关重要的技能。他鼓励客户和同事"多看一步"。他希望他的员工可以有一种独特的能力，看到别人看不到的东西，预见到意料之外的情况，并且能够从长计议。他与世界上许多大的家族企业和创始人领导的企业进行合作，他对短期可预见的解决方案和学术背景都不感兴趣。他的雇员既有来自私立名校的，也有毕业于公立学校的。他重视的是员工的求知欲、多样性、信念感，以及建立长期信任关系的能力。因为始终看重人际关系，无论是在客户还是在员工中，他的公司都享有一定的忠诚度，而这是非常了不起的。

当我们坚持让孩子多上一门 AP 课程，而不是鼓励他们去动物救助中心实践的时候，这对孩子是一种伤害。我们必须明白，我们越是急于让孩子为工作做好万全的准备，就越是减少了孩子迈向成功的机会。

表观遗传学：后天与先天相结合

我们每个人都有某种与生俱来的天性：我们可能会是外向的，可能会擅长数学或填字游戏，可能有园艺种植的天赋，或者尝一口就能辨别出复合酱料中的每一种成分。虽然数学、语言和园艺等科目可以通过课程和练习来掌握，但性格外向或填字游戏的思维就不那么容易学会了。而像创造力和好奇心这样的基本能力，就更加神秘了。我们倾向于认为，人们要么天生就在这些特质上有突出表现，要么就毫无天分。

在20世纪的很长时间里，这些领域的研究都集中在先天基因与后天培养的关系上：环境在多大程度上影响一个人的行为倾向？例如，我们能否肯定地说，智商的40%源自遗传，60%是由环境决定的？随着双胞胎研究（一组双胞胎出生时被分开，在不同的家庭中长大，成年后再进行比较）的出现，人们清楚地认识到，没办法对先天基因与后天培养的关系做出明确的判断。尽管研究数量有限，但双胞胎研究的结果显示，无论基因构成如何，他们所在的环境都会影响个人能力和生活轨迹。令人不安的纪录片《孪生陌生人》(*Three Identical Strangers*)戏剧性地展现了环境对三个基因完全相同但人生道路截然不同的年轻人的影响。然而，我们没有办法确定环境的影响到底有多大。当我还是心理学研究生的时候（那是很久以前了），我们经常谈论关于先天基因和后天培养孰重孰轻的问题。后来就变成了先天基因与后天培养同样重要。随着更为先进的技术出现，我们现在知道，先天基因与后天培养实际上是一种复合的关系。

表观遗传学（epigenetics）研究的是环境如何影响我们与生俱来的特质。其英文前缀 epi 有"之外"的意思——除了一个人的遗传倾向外，还会发生什么。这门科学讨论的是环境如何开启或关闭某个基因的开关。基因的构成给智力发展以多种可能性，而一个人最终的发展格局同样由经历决定。**能力不是一成不变的，而是可塑的。**所以，尽管有的宝宝渴望探索客厅的每一个角落，有的满足于待在原地，玩那些放在他或她面前的玩具，但每个人都有改变的可能性。是不是有些孩子比其他孩子更有创造力和好奇心？确实。我们能拓展和培养任何一个孩子的创造力和好奇心吗？答案同样是肯定的。

与此同时，我们每个人都有一个极限，超过这个限度，无论有多么努力或渴望，都再也无法前进一步。我儿子热爱篮球，训练刻苦，全力应战，但他永远也进不了 NBA。我们应该鼓励孩子去鞭策自己，发展他们的才能，激发他们的热情，但是我们也应该意识到"你可以做任何事情"这种想法只是一厢情愿。

正如我们看到的，今天的父母并不总能认识或接受孩子的局限。这也是私人家教需求量如此之大的原因之一。但对我们来说，关注孩子与生俱来的天赋和兴趣是很重要的，这样我们才能更好地激励其发展，同时，也可以利用这些天赋和兴趣创造一个环境，来发展、培养孩子其他一些不那么具有天赋的能力。对孩子未来成功至关重要的技能几乎可以在任何环境中进行锻炼，如果你的孩子乐在其中，他们就会掌握得更好。

有时孩子的兴趣会被父母扼杀在萌芽中,只因为他们觉得,孩子显然不会在这一领域表现得出类拔萃,放纵他们的兴趣事实上是在浪费时间,特别是在"一切都重要"的高中阶段。如果我们承认,自己对未来何为真正重要的事情知之甚少,便也可以承认,自己并不知道哪些事情真的会浪费时间。与其让孩子勉为其难地进行"万无一失"的追求,倒不如问问自己,如何利用孩子真正的兴趣或热情,培养其他重要的工作和生活技能。

如果我们勇敢地相信这个时代需要的是拥有基本技能而非拥有漂亮简历的人才,我们就能帮助孩子培养诸如创造、承受失败、承担风险、协同合作以及勇往直前等能力。

我向金属乐队(Metallica)的主唱詹姆斯·赫特菲尔德(James Hetfield)说起我曾经参加过的一个小组讨论,小组里的听众都是些不断充实自己也取得成就的优秀家长。一位父亲非常担心儿子把大量时间用在了弹吉他上。我告诉詹姆斯,我对听众们提出的建议感到不安:"把吉他拿走几周,严格限制练习时间,只有近期成绩优异才让他摸吉他。"

"让他的父母建议他成立一个乐队怎么样?"詹姆斯建议道。作为世界上最伟大的吉他手之一,詹姆斯的话令人信服。他本人就花了很多空闲时间研究和弦,而不是微积分。这个男孩本可以通过玩乐队来培养一系列有价值的技能——创造力、毅力、合作能力和冒险精神,说不定还能培养出一些创业才能。他将会做自己真正热爱的事情。多年的临床实践和我自己那个极具创造力的孩子教会了我,有时候最好忘掉一切成规。

经过几个月对 21 世纪技能的研究,并与尽可能多的来自不同领域的专家展开交流，我最终确定了一系列专业和基本技能，也即硬技能和软技能，我认为拥有它们对孩子未来的成功极为关键。在下一章中，我们将深入探究这些技能要求，以及让孩子掌握它们所需要的诸多条件。

第七章

充满不确定的时代所需的技能清单

迈克尔一直是个富有创造力和充满好奇心的孩子。在他小时候，这样的特质给他带来了巨大的快乐，但时不时也有些苦恼。他会将客厅变成荒岛或者拥挤的城市。他会在房子里四处搜寻，寻找足够多的盒子、毛巾、美纹纸和简报板，来建造一个在他脑海中的世界。在学校里他表现得很好，但当他盯着窗外或在笔记本上涂鸦时，老师常会提醒他要集中精力。他被"无限"这个词吓坏了，因为他无法想象有什么东西可以永远持续下去。

当他进入电影学校时，他的父母很想知道有多少孩子能够在毕业之后拍出电影作品。他们始终没有答案。所以，在欣赏儿子的才华的同时，他们也担心儿子会找不到工作。他也确实在工作上遇到了困难。他干过许多属于失业导演或演员的工作，他当过服务员、舞蹈老师、家庭教师。接着，他对公司的运作产生了兴趣。他曾在各种制造公司当过低级别的兼职工人，享受与人合作的经历，并从中学到了组织、营销、会计和时间管理的基础知识。尽管他拥有如创造力、好奇心、沟通能力、变通性和毅力这样丰富的基本技能，但他明白，如果他想要走上更令人满意的职业道路，他需要磨炼自己的专业技术能力。通过大学和在线课程的学习，以及更多与技术知识相关的工作经验，他积累了开办公司所需的各种技能。这不还是零工经济岗位吗？确实。但话说回来，大约三分之一的劳动力参与的都是零工经济。他的新技能重要吗？当然。最近有个客户跟他说，"你太全能了"，他的确是这样。

引导我们的孩子走向可靠未来的专业技能和基本技能将相辅相成。孩子们掌握这些技能的方式各有不同。虽然技能本身没有黑白分明的区分，却有着显而易见的差异——部分是遗传上的，部分是文化上的，部分基于家庭和社区——因此，有必要分别予以考虑。这些技能结合在一起，有助于培养适应力以及对学习的终身热爱，这的确是在 21 世纪成功的关键。

专业技能和学习能力

这类技能包括学生在高中毕业时应该掌握的基础知识。越来越多的课程将会是知识和技术的交集。这些课程包括传统的由学校规定的专业课程，同时也是大多数大学的必修课程：阅读、写作、数学、历史、地理、科学和一门外语。专业技能通常更具体，指的是机械技术或与 STEM 相关的技能，如编程或编码。数据分析、数字素养和批判性思维将会成为融合知识和技术的重要技能。

学生所学的课程在各所学校之间并没有太大的差别。然而，有些孩子顺利完成高中学业，为上大学做好了充分准备，另一些孩子却考不上大学。造成这种情况的原因有很多，但最主要的原因是不同的教学和学习方式之间有着天壤之别。更高效的教育方式是互动式的，而不是被动接受。令人悲哀的是，生活在富人区或就读私立学校的孩子更有可能接受互动式教育。在互动的环境中学习，而不是被动地接受，有利于培养孩子将软技能和专业技能相结合。

位于加利福尼亚特拉林达（Terra Linda）的马林·蒙台梭利初中是一所互动式的学校，致力于为不同族群的学生提供教育。以下的例子呈现了互动式教育的运作方式。学校里有一个菜园，学生们在那里种植用作午餐的蔬菜，这让孩子们有机会学习种植、施肥、保持蔬菜健康的方法，了解病虫害对作物的影响，并学习如何规划作物规模。他们在当地农贸市场出售多余的蔬菜，在那里他们学习如何与成年人交流，说服他们购买农产品，并高效地进行现金交易。他们为此还创建了电子表格跟踪销售情况。

与数学和地球科学简单教学相比，这显然是一个更复杂、更昂贵、更耗时的过程，超出了大多数公立学校的财力范围。但总得有人开创先河。如果这些学习方法在马林·蒙台梭利这样的学校得到试验和完善，那么其他学校将更容易效仿。即使在更优越的教育环境中，从被动学习过渡到互动式学习，有些方面需要调整。比如，目前的AP课程消耗了学生很多精力，而且这和互动式教育没有任何关系。

在很多有远见的学校中，大多数学生的学习以小组项目为单位，而非依赖个人作业。我有一个朋友的孩子在高中选读了美国历史相关的课程。但老师并没有把重点放在要求孩子辛苦地背诵历史日期和战役上，而是帮助班上的小组批判性地评估各种原始材料的偏见和有效性，以及它们与历史事件的关系。不同的小组深入探究从教科书到时事新闻的各种内容。在这样的教学中，历史的轨迹及事实都变得更加有趣。孩子们学会了一起工作，互相指导。在学习美国历史的同时，他们还掌握了另外三种基本的学习能力：数字素养、数据分析和批判性思维。

数字素养和数据分析能力

批判性思维通常被认为是 21 世纪的终极必杀技。为了掌握这项技能，学生需要一套强大的技能做基础，其中最重要的是数字素养和数据分析能力。数字素养是在所有类型的数字媒体中发现、评估和使用信息的能力。数据分析则是使用逻辑和分析推理来评估每条信息的每个组成部分的过程。

如今我们被太多的信息所淹没。当新闻真假难辨的时候，批判性地思考或理解信息更加困难。真实视频和"深度伪造"的视频，网络暴力和黑客攻击，误传信息和故意制造的谣言，这些都让我们晕头转向。因此，批判性思维的第一步是能够辨别信息的真伪，识别出自己是否被他人操控。

随着互联网的不断发展和假信息的增多，操控性叙述方式被创造了出来，迅速传播。我们必须保证孩子有能力识别这样的网络操控。如果知道是人工智能和各种算法在操控我们的情绪和偏好，它对我们的影响就会大大削弱。被特殊利益集团和看不见的手操控的信息越多，掌握识别欺骗的最佳方法就越重要。尽管我们已经饱尝受人操控之苦，但对孩子来说，却可能还要栽跟头。要确保孩子所在的学校重视批判性思维，并且开设了全面的数字素养课程。让孩子和你说说，他们是如何学会识别偏见和虚假信息的。在晚餐时间展开这样的谈话，比聊考试成绩要好得多。

同样重要的是，孩子们需要能够识别并创造基于事实证据的内容。例如，有的期刊学术性高并经过同行评议，有的"期刊"付费就能发表，没有任何学术价值，要区分来自两者的信息并不容易。几年前，我在谷歌学术搜索上寻找文章，读到了《医学图书馆协会杂志》(*Journal of the Medical Library Association*) 上的一段引文："谷歌学术搜索旨在为完成近在手头的任务提供材料。这个任务往往不是一项全面详尽的研究调查，而是高中作业、大学论文或其他需要尽可能轻松完成的事情，因此自然不需要强大的数据库。"[1] 唉，不用说，我放弃了谷歌学术搜索，并在斯坦福大学经验丰富的专业图书馆员的指导和监督下，完成了大部分研究。

谷歌前设计伦理学家特里斯坦·哈里斯（Tristan Harris）提醒我们，屏幕前的我们是一个人，**而屏幕后有成千上万的工程师在尽他们的最大努力确保我们不下线，甚至希望我们形成网瘾**。孩子，尤其是青少年，讨厌受人操控。让他们了解到，他们沉迷其中的电子设备不过是一场高级阴谋，这可能会让他们减少使用。同样，学习利用人与人的网络连接来推动一些有意义的事情，可以帮助孩子们成为自己和地球的保护者。卡梅伦·卡斯基（Cameron Kasky）是帕克兰枪击案的幸存者，也是"为我们的生命游行"组织的联合创始人。我问他，那场悲剧中的青少年能够动员起全国数百万人的原因是什么。他的回答相当简洁："我们擅长演说，我们有自信，我们熟悉各种网络平台,知道如何利用媒体资源。"[2]

在考虑数据分析和数字素养时,我们会关注负面因素,害怕未知,因不确定性而产生畏缩情绪;但是,我们和孩子也可以积极热情地接受变化,学习新技能,确保他们与我们的价值观保持一致,并将这一切视为令人兴奋、充满巨大潜力的学习机会。

批判性思维

"为什么?你怎么知道的?你有什么证据?还有什么其他解释吗?"对于好奇心很强的人来说,无论是已经获得了诺贝尔奖的科学家,还是正在收集家族历史资料的五年级学生,进行批判性思考都是一天中最为有趣的事情。这是一个深入思考的机会,也是挑战自身思维,熟悉科学方法,提出各种观点看法的机会。

批判性思维是对每天收到的数据和外部刺激进行梳理,并对这些信息做出明智决策的能力。"梳理"是"评估和编辑"的另一种说法。这意味着,你需要能够分析的思维方式,并为自己的观点提供合乎逻辑和说服力的证据,无论是口头还是书面的形式。批判性思维在知识经济中至关重要,因为它提高了我们快速有效应对变化和不确定性的能力。在成为批判性思考者的过程中,我们的孩子将在分析信息上表现得更为突出,将能够更好地利用不同的信息源评估信息的可信度,证明自己的想法是正确的。批判性思维能让他们区分观点与事实,从各个层面审视问题,做出合理的推论,并且不让主观偏见影响判断。批判性思维包括自我意识和同理心,也是我们"后真相时代"的一剂猛药。

另外,我认为,孩子们需要远离电脑,去思考更多的事情。滑动一下手指就能获取信息的便捷也有许多坏处。牢记一些知识点会使我们更自信，世界观更鲜明稳固。与随时随地就能获取信息相比，阅读、思考、翻页、再重读，需要我们付出更多的"努力"。我担心孩子们的大脑正在**退化**，就像任何没有得到充分锻炼的肌肉或器官一样。

为了培养孩子的批判性思维，应多鼓励他们提问。尽量不要立刻帮助他们解决问题。让孩子在你的指导下经历思考问题的过程，不要打断他们的想法，或代替他们找到解决方法。大约7岁以后，孩子的认知能力将达到一个更加发达的层次，让他们充分施展自己的才华吧。

基本技能

基本技能是推动我们与世界发生连接的态度和信念。对于孩子的成功，这些特质与学术和技术技能一样重要。基本技能包括好奇心、创造力、变通能力、理性冒险能力、协作能力、毅力以及自我调控能力。

我们每个人与生俱来或多或少都有这些特质，而且每个人都能在自己的遗传基础上最大限度地发挥自我完善的潜能。教育孩子最有效的方法就是以身作则，给他们树立榜样。不要浪费时光。保持好奇心、创造力和冒险精神。尽可能多地阅读，讨论当下世界的问题。要时常为孩子不断进步的独立性和能力加油打气。

第七章　充满不确定的时代所需的技能清单

好奇心

好奇心是人类寻找答案和解决问题的本能。我们生来就具有好奇心，而且所处的环境对好奇心的培养有着很大的影响。身为父母，我们主要任务之一就是不要因为过度重视答案，轻视学习过程而泯灭孩子的好奇心。我最喜欢的一句格言来自毕加索："我花了四年时间才画得像拉斐尔一样好，但要用尽一生的时间，才能像孩子一样画画。"对小孩来说，好奇心常与稍有难度的数学和读写功课联系起来；对成年人来说，好奇心则与工作满意度、社交能力、学业成就和总体幸福感息息相关。[3] 我们只有在好奇的时候，才会学得更好。

埃里希·弗洛姆（Erich Fromm）对好奇心的观点颇具洞察力："拥有创造的意识，能够观察并做出反应，意识到周围的环境并对这种意识有敏锐感知的条件是什么？首先，我们需要有感到困惑的能力，而孩童仍然保有着这种能力。"如果我们想帮助他们踏上探索之旅，我们自己也应该有感到困惑的能力。

研究已经揭示了好奇心的一些特质，对那些想要激发孩子好奇心的父母来说，这极有帮助。从脑科学的角度来看，适量的信息能够更好地引发兴趣。过少的信息会令人迷惑不解，太多的信息会让我们疲于应付，失去探索的机会。如果想要创造一个滋养孩子好奇心的环境，我们需要与他们当前的认知保持一致，而不是用我们已知的信息将他们淹没。

父母在孩子面前好为人师（通常以说教的形式）。与此同时，我们又因无休止的各种问题和没完没了的"为什么？为什么？为什么？"而身心疲惫。在激发孩子好奇心的过程中，我们不需要屏气凝神倾听每一个问题，而是需要关注那些有可能引领孩子进入新奇有趣、让人着迷的领域的问题，并为他们指引方向。重要的是培养孩子的习惯：保持好奇心，跟随好奇心去寻找答案，接着就会自然而然地问出更多的问题，引发更多的好奇，进入更多不同的领域。激发孩子好奇心的一个有效方法是承认自己也不知道问题的答案。这意味着不知道所有的答案也没关系，然后，我们可以说："让我们一起来探究吧！"

父母应以好奇（而不是谨小慎微的警惕）的态度来保护孩子的兴趣，这不仅能给孩子做出良好的榜样，也是长期维护亲子关系健康的一条路径。一个20多岁的朋友告诉我，他刚拿到急救医疗技术人员执照，对成为一名急救员感到非常兴奋。不过，他当医生的父母可没那么激动。"他们说：'你为什么不直接去医学院读书？'"如果他的父母以好奇的态度向他提问，效果会更好："你为什么想成为一名急救员？培训都有哪些内容？你喜欢的内容有哪些？"成为一名急救员也许会激励这个年轻人继续投身于医疗领域，也许不会，但无论如何，他都会在协同合作、批判性思维和承担风险等方面得到锻炼，而这些都是极其宝贵的技能。我们不能把自己的人生轨迹复制到孩子身上，但我们可以在他们练就属于自己的技能时，成为热心的见证者，并适时提供明智的指导。

从理论和实践上讲，公司了解充满好奇心的员工的价值所在。许多公司甚至将好奇心评估作为招聘流程的一部分。好奇心测试的有效性已经在大量研究中得到验证，其内容囊括了应聘者是否广泛涉猎其专业领域以外的书籍，是否倾向于学习新事物，以及是否有工作之外的兴趣爱好。[4]

"好奇心对企业绩效的影响远比人们以前想象的重得多,"弗兰切斯卡·吉诺(Francesca Gino)在《哈佛商业评论》(*Harvard Business Review*)中写道,"因为在各个层面培养好奇心,将有助于领导者和员工适应不确定的市场环境和外部压力:当好奇心被激发起来的时候,我们会对决策进行更深入更理性的思考,提出更有创意的解决方案……大多数人之所以能脱颖而出,并不是因为他们是某一领域的专家,而是因为他们在专业技能之外还伴随着对知识的好奇,这促使他们提出问题、寻找答案,并高效地与人合作。"[5]

创造力

"创造力"是一个被广泛误读的词。我们的文化倾向于从艺术天赋的角度看待它,近几年来,人们又开始从是否有高超的编程能力来理解创造力。父母经常说他们的孩子"聪明但缺乏创造力"。

创造力指的是利用想象力或原创想法来创造出有意义的东西——当有人发明出了车轮、拉链、梳子、割草机、闹钟时,他们就是在创造。一个此刻不善于画画或写不出充满奇思妙想的剧本而被指责"没有创造力"的孩子,彼时可能正在视频网站上发布原创生活小窍门视频,或者发明了一套独特的训练狗狗的方法。寻找新方法来表达观点或解决问题的能力不仅在职场上受到重视,还会让生活其乐无穷,为孩子提供解决问题的动力。

父母会问,"如何把创造力教给孩子?"在大多数情况下,我们不是"教授",而是创造培养创造力的环境。确实,有些教育游戏声称可以让孩子变得有创意,这种说法值得怀疑。当孩子找到兴趣,处在一个充分支持他发展兴趣的环境中时,创造力就会像好奇心一样，自然而然地蓬勃发展。在适当的时候，试着和孩子一起分享发现新事物的兴奋与喜悦，更不要忘了为他的成功喝彩。

某些行业世家揭示了外在环境对促进创造力发展的重要意义。当家庭成员都在同一领域从事某种工作时，孩子就会从小耳濡目染，获得大量学习资源。乐队指挥兼钢琴家乔恩·巴蒂斯特（Jon Batiste）在路易斯安那州新奥尔良郊区的肯纳长大。大家族里的七个叔叔和几个亲戚都是音乐家，乔恩·巴斯蒂特从小到大都是家庭乐队里的成员。[6] 据他回忆：

> 我也会做一些普通小孩做的事情。我会打篮球，上网球课，也喜欢下棋……晚上我会去新奥尔良和一名真正的爵士乐传奇人物一起演奏。早上我接着去上学。这两种生活并行不悖。我在 17 岁时搬到了纽约，开始组建自己的乐队。演出时，我环顾四周，心想："我真的成为一名职业音乐人了！"[7]

巴蒂斯特在 17 岁时奔赴纽约，来到茱莉亚音乐学院读书。他的音乐才能是在他所处的环境中自然而然地发展起来的，而且这个环境仍然为"普通小孩要做的事情"留有一定的空间。在理想的世界里，每个孩子的天赋都能在这片肥沃而充满创意的土地上生根发芽。但对于大多数家庭来说，情况大不相同：家里的每个人千差万别，不一定志趣相投。那么，一旦我们确定了孩子的兴趣，该如何为他们提供合适的环境来培养这份兴趣呢？

我们的首要任务就是保持中立。有的孩子的兴趣有明确的价值，也确实很吸引人（例如计算机）；而有的孩子的兴趣让我们百思不得其解，难以理解他们为什么会觉得这些东西有趣，比如蕨类植物（和各种外观类似蕨类植物的植物），泥鳅（和其他长相奇怪的鱼），还有不胜枚举、形态各异的交换卡（上面有《天外来客》里的外星人、垃圾桶小孩、小精灵，以及一些更常规的选择，比如来自托普斯公司的篮球卡或棒球卡）。如果你的孩子感兴趣的东西对自己或他人无害，那么就任其发展吧。"再告诉我一些关于鱼的事情。""那种蕨类植物有什么特别有趣的地方吗？"我们可以不断向孩子提问，表达好奇和兴趣。深入学习任何东西都将有助于下一步的学习，孩子会获得热情、好奇心、毅力和解决问题的能力。如果你不能真正参与到孩子感兴趣的事情中，至少不要妨碍他们！

变通能力

变通能力是在不同的视角——从短期到长期，从宏观到微观——之间转换思维的能力。这种能力要求你能够接受新信息，即使它们与你现有的观点相冲突（人们大都讨厌这样做），并相应地调整结论。这同时发生在认知和情感两个层面。思维上变通的人可以同时考虑多种观点，对模棱两可、含混不清的问题应对自如。他们有创造力（把不同的观点交织在一起），有自知之明（看清自己的长处和短处），有效率（找出实现目标最迅速、最有效的方法）。

只有在开始时有一定的自信，孩子的头脑才能越来越灵活。他们必须经历过成功，承受过失败，并且从错误中有所学习。自信心很大程度上是在幼儿时期培养出来的，父母和老师掌握着培养信心的关键钥匙。容易焦虑的孩子在这方面有些吃亏，为了缓解焦虑，他们总是想要尽快找出正确答案。对他们来说，学习并不有趣。

我们需要让学习变得有趣、好玩而且有吸引力。我们需要鼓励孩子思考多种解决方案，而不是对答案正误进行评判。还记得"你能想到一块砖头、一条毯子或一根橡皮筋分别有多少种用途"的游戏吗？这就是大体上的思路。要扩展你的思维，从不同角度看问题。研究表明，孩子之所以会有危险的举动，是因为没有很好地理解行为后果。[8] 我在办公室的口头禅就是"然后呢？"，这句话有助于孩子们在最直接的答案之外继续思考，探求后续的影响。一个年轻女孩从当地百货商店偷了一条牛仔裤，她因未被抓住而松了一口气。但在"然后呢？"的追问下，她意识到，除了因为行窃而被捕之外，这种举动还会有其他后果。她开始意识到必须向父母解释新牛仔裤的来源，意识到自己可能会因良心不安而辗转反侧，意识到会有人为这条丢失的牛仔裤埋单，同时，有人可能会认出她或者有摄像头拍到了她，因而她不能再去那家商店。事实上，无论是青少年儿童，还是我们所有人都可能会变得思维僵化。因为这是更轻松的思维方式，也不会让我们在短期内感到焦虑。但是孩子需要大量练习从不同角度看待事物，反思他们的行为，并从错误中吸取经验教训。

理性冒险能力

"风险"这个词往往会让父母感到恐慌。不管孩子多大，当他们提出一些看起来有风险的事情时，我们便会快速权衡利弊。在监管和放任之间找到平衡，意味着我们必须对自身和孩子都有充分的了解。在加拿大、英国和新西兰的一些学校里，孩子们可以在精心指导下使用电动工具，生火，并在森林里漫步。[9] 大量研究表明，这种将孩子置于不确定的环境中，让孩子探索自身边界和承受力的活动，是对社交技巧、自信、毅力和评估风险的能力的考验。[10]当然，我们也担心他们会受伤。但这种情况很少见，值得注意的是，有组织的运动比赛造成的伤害比玩耍受伤的可能性更高。[11]

如果不冒险，就会错失良机。冒险必然意味着有时会犯错。摩根士丹利投资公司的董事长兼首席执行官詹姆斯·戈尔曼（James Gorman）的目标是在做出投资决策时有80%的把握。[12]他的想法颇具启发性，也相当有分量。"我们不能百分之百做出正确抉择的原因有很多。认清这一点，并仍然迈步向前，就是领导者应有的品质。"[13] 戈尔曼并不是轻率或冲动。相反，他是在深思熟虑后冒险而行，而这需要耐心和毅力：伺机等待直到你有足够的把握，在别人仍然不确定或害怕采取行动时勇往直前。这是我采访过的每一个首席执行官突出的共同特点。

前参谋长联席会议副主席桑迪·温尼菲尔德（Sandy Winnefeld）上将提醒我们注意科林·鲍威尔的"40/70"规则。显然，鲍威尔认为，在信息不足40%的情况下，我们肯定会做出错误的决定。与此同时，如果已经有了70%的信息，我们还在继续搜索其他信息，就会太迟了，因为此时其他人已经完成了决策和执行。在我们的讨论中，温尼菲尔德上将明确表示，军事领导人想要提高效率，就不应该因过度分析而停滞不前。[14]

几年前，我和一群年轻高管一起做团建，我切身体验到了这一原则的作用。他们大多30多岁，而我要比他们年长一倍。我们被要求完成一组拼图游戏，当这些人（他们都是男性）完成了大约75%的拼图后，他们就开始大喊，"我们知道答案了！"

"不，我们没有！"我插话道，"我们漏了一大堆信息！"他们笑着说："我们已经完成了大部分，这已经够了。如果错了，就再做一次。"我对这次学习经历感慨良多。这些年轻人不怕"失败"，积极获取新信息，不断重新思考先前的假设，然后在必要时转向不同的方向。

领英的创始人雷德·霍夫曼（Reid Hoffman）有句名言："如果你对产品的首次曝光不感到尴尬的话，那说明你发布得太晚了。"但下面这个例子说明上述说法仅仅适用于某些商业领域。"很抱歉，针对那个膝关节置换术，我们已经想出了一个更好的方案"，任何人都不想从外科医生那里听到类似的话。但事实是，即使在医学领域，某种产品要想达到最佳效果，也需要进行许多尝试。然而，由于世界日新月异，产品也不断更新换代，从长远来看，营销得好的产品可能比仅仅只是实用的产品卖得更好。哪种方法能在市场上拔得头筹，我们尚不可知。

环境越不确定，有风险的选择就越多。在这样的环境中能大展拳脚的人，不仅仅要感受风险带来的威胁，还要更愿意享受风险带来的刺激和机遇。因此，孩子需要拥有大量的机会，在我们的指导下尝试有风险的事情，并学习计算风险回报比。在学校演出中担任主角是有风险的，酒后开车也有风险，但两者情况并不相同。父母在风险计算方面更有经验，他们需要帮助孩子区分深思熟虑之后的冒险和愚蠢的冒险。正如我们在本书第一部分所谈到的，倾向于过度保护的教育方式通常会将儿童培养成容易焦虑、害怕冒险的少年。而青少年天生喜欢冒险，如果父母能够在必要时给予他们风险教育，制定安全的规则和界限（比如开车和喝酒的情况），在积极向上和有益身心的情况下鼓励冒险行为（比如在学校竞选公职，和朋友一起划皮划艇），他们可能会迎来第二次重塑情感力量的机会。值得一提的是，由于青少年的大脑天生具有冒险精神，鼓励良性的冒险行为不仅可以带来未来职场的优势，也可以预防孩子进行恶性的冒险行为，比如偷窃、过早发生性行为和滥用药物等等。[15]

协作能力

在大多数领域，协同合作始终是成功的关键所在。在不久的将来，由于劳动力的流动性、工作岗位本身的快速发展以及工作能力要求的提高，这一点将更为突出。我们的孩子要能够迅速与新同事打成一片，并了解他们的想法；他们要能够给出建议，并向他人学习。协作需要仔细倾听、提出深思熟虑的问题的能力，需要理解他人观点的同理心，需要对他人想法和意见由衷地好奇，需要有足够的自尊心来承认别人的解决方法强过自己，需要有耐心，并且需要有整合多种信息流并准确表达出来的能力。研究表明，在许多情况下，在不同团队中工作有助于更为当机立断地做出决策，更快地进行创新，更迅速地发现错误，以及找出更理想的解决方案。[16] 在这个到处都是棘手问题的复杂时代里，很少有人能看到问题的全貌，每个人都只是管中窥豹。把每个人看到的部分叠加在一起，才会得到更全面的结果。难怪在过去十年中，协同合作的工作方式激增了50%。[17]

在协作所需的所有细微技巧中，倾听可能是其中最为重要的一个。俗语说，自然赋予人类两只耳朵和一张嘴是有原因的。一般来说，我们每天大约有75%的时间用于某种形式的交流，其中大约一半的时间用于倾听。[18] 然而实际上,我们常常听得很不认真,我们总是忙着想出一句绝妙的回应。为了鼓励孩子聚精会神地倾听,我们可以在交谈时为他们做出示范。这里有一些小窍门:不要偷偷看手机或手表,还要尝试积极提问。为了帮助我的儿子发展他们的倾听能力,我们过去常常玩一个游戏。我们会逐字逐句地编一个故事,我说一个句子,然后每个人轮流加一个句子。这意味着他们必须听清每个人所说的话。让训练倾听能力变得有趣,孩子自然就会聚精会神。

越来越多的学校认识到,促进协作最有效的方法之一是让孩子通过小组项目进行学习。团队合作帮助孩子做好"各自的"任务,同时教会他们何时去领导,何时去跟随组织,如何调整思维,以及成为团队的一员而不是单独的个体意味着什么。因为大多数孩子可能最终都会在团队中工作,所以越早适应协同合作,就有越多的时间来锻炼自己成为一名精干的团队成员。

孩子从许多地方进行学习,但从同龄人那里学得最快。老师或家长可能会委婉地建议一个爱答非所问的8岁学生稍微克制一下,但同龄人的"闭嘴——我们听你说够了"可能会立竿见影。这个例子可能有点伤人,引发对孩子融入协作的担忧(我的孩子不仅不会因为他的工作得到表扬,其他孩子还会对他指手画脚,为什么我的孩子要为其他孩子背黑锅),但要知道,团队合作中的同伴们对于解决问题往往十分严肃。

在我们这个充满争议的时代,培养合作的能力,必须将学会包容异己观点涵盖在内。我们必须为孩子树立榜样,告诉他们如何在不轻视、不贬低、不压倒他人的情形之下表达自己的观点。政界、娱乐圈和商界的巨婴们是我们的反面教材。在普通人的日常生活中，这种行为通常只会让人更加不受欢迎，被排挤孤立。

当有人与我们观点相左时，大脑会将其视为一种威胁。即使是为去哪里吃饭这样的小事争吵也会让我们心跳加速，感到焦虑。可悲的是，我们的文化已经进入了某种部落心态，即便是面对最琐碎的分歧，人们也会变得歇斯底里。感恩节的餐桌变得越来越令人不快，许多家庭做出决定，吃饭的时候大家都不可以谈论政治问题。但是，协作需要不同观点的碰撞，而不是各自保留不同意见，或者完全不讨论某些话题。协作也需要同理心与妥协。它需要一种洞察力："等一下，这值得我们吵架吗？"在做出回应之前，我们需要停下来问问自己："我是否完全听懂了别人的观点？我还要再问个问题吗？"说餐桌可能是孩子锻炼这项技能的唯一场所，一点也不夸张。

毅力

你可以在孩子身上培养各种积极的品质，但如果毅力不在其中，孩子也许就只有表面的收获。毅力（或者说决心，勤勉，哪怕只是单纯的努力）是坚持的关键所在。如果没有毅力，孩子们很容易受挫，很快就会放弃困难的任务。无论你的孩子在团队中的工作多么出色，思维多么有创意，又如何敢于在深思熟虑之后承担风险，如果没有在遇到困难时不断尝试的热情和能力，他或她的进步也会受到限制。毋庸置疑，在对人的要求快速变化的环境中，持之以恒的毅力是一项必备的品质。

无论对成年人还是孩子来说，生活都是艰难的。生活中不可避免有一些挑战、失望、失去和失败。对我们来说，那可能是错过晋升的时机；对孩子来说，那可能是在音乐会上没有得到独奏的机会。然而，我们可以选择如何应对这些挑战。来我办公室咨询的许多成年人常常陷入自我贬损："我知道我不够好，不能胜任这份工作。"这些自我评估可能有些道理，但如果我们在这些评估中停滞不前（而不是利用它们来找出改进的方法），我们很可能会失去动力，意志消沉。卡罗尔·德韦克所提出的成长型思维的概念在这里至关重要：养成一种习惯，把生活看成是由成功和困难交织而成的，并且从中吸取经验教训。[19] 德韦克以一种有趣的方式来处理那些我们没能完全掌握某些技能的时刻。她频繁使用并且反复强调"尚未"这个词。

"我搞不清楚这个问题！"→"尚未搞清。"

"我不会弹钢琴。我没有天赋。"→"尚未学会弹钢琴。"

"教练从不在关键时刻让我上场。我应该退出，我踢得不够好。"→"尚未让我上场。"

"尚未"表达了一种观点，当你年轻的时候，你还有很长的路要走，还可以有很多时间来发展自己的能力。这个词为孩子们树立了热情的榜样，鼓励他们继续努力——而这正是毅力的内在含义。

父母另一个培养孩子毅力的方式，是引导他们将关注点牢牢锁定在过程而非结果上。当然，我们希望孩子的论文可以得 A，考试可以取得高分。我们不应该忽视孩子的任何一点成就。但同时，你也要对学习的过程表示兴趣。"你做题的时候还顺利吗？""你从中学到了什么？""你觉得考试会考哪些问题？"

最后，父母可以通过分享自己的经历来教导孩子毅力为何物。我经常到处奔走演讲，当孩子们在家里时，我总会在演讲后给他们打电话。我常常拿两个小时演讲中不可避免的差错自嘲：麦克风不响了，做的幻灯片没法顺利展示，还有那些一心想要怼你的家长。这已然成为我的惯例，目的不是告诉孩子我常常出现失误，而是让他们知道挑战时刻会出现，而你必须能够做出相应的调整。作为成年人，我们大多数人都已经习惯于每天遇到波折，因此我们不太会想到要和孩子分享这些。随意几句话就可能帮助孩子培养毅力。

自我调控能力

自我调控能力是区别健康生活和非健康生活的决定因素。我已经花了几十年的时间来治疗问题少年。他们每个人都表现出控制情绪上的无能，而这导致了焦虑、抑郁、饮食紊乱、滥用药物、滥交和入店行窃等糟糕结果。如果你不能调节自己的情绪，你就不可能成为一个优秀的学生、同事或伴侣。既然婴儿并不是天生就有自我调控的能力，我们该如何给他们上这一课呢？

一个充满关怀与爱的环境是自制力的培养皿。最佳的育儿方式既包括爱与支持，也包括要求与限制，这是我们大多数人都熟悉的观点。但对于很多人来说，支持来得更容易一些。我们爱我们的孩子，希望看到他们快乐。我们知道，孩子们期待得到我们的肯定，并从中获得自尊感。"你一个人可以从那么高的滑梯滑下来。你已经是个大孩子了。"我们也逐渐意识到，不应该在这个方面做得太过火。总之，我们希望孩子获得内在动力，希望他们为了掌握更多知识而努力学习，而不是为了外在激励，为了得到表扬而学习。尽管如此，孩子依然能从我们的引导和指教中学到许多调节自身情绪的方法。

但父母或多或少都会面临一些困难。有些孩子很容易自我调整。性情随和的孩子能够集中注意力，不会过于情绪化，当他们有情绪的时候，有办法让自己冷静下来。而另一些孩子则很难集中注意力，他们有时似乎无法调节自己的情绪，更无法平静下来。

自我调控是一个有意识地避免情绪化的过程，因为这些情绪和行为不利于个人目标的实现。不仅仅是在VUCA时代，自我调控几乎在任何情况下都是有益的。自我调控能力属于基本技能的范畴，如果没有自控力，其他技能就毫无用处。如果你心不在焉、冲动、易怒，那么即便你在编写代码、设计网站或医疗诊断方面的能力很强，也无关紧要，因为你可能根本进入不了评估体系。从科技、制造、医药、金融到当地雇用装袋工的杂货商，我接触的每一个人力资源主管都认为"良好的态度"在工作中尤为重要。而自制力差的人是不会有"良好的态度"的。

当父母设定界限并确保孩子遵守这些限制时，他们就是在培养孩子的自控力。在超市结账时拒绝孩子购买糖果的请求，明确要求他们在打电脑游戏之前写完作业，说了11点前回家就不能在外面待到11点半。我认为，如果能够设定一个限制，简要向孩子解释他们需要付出什么样的努力才能改变这个限制，会对培养孩子的自控力有很大帮助。"如果未来半年内你都能在11点前回家，我们就可以讨论一下再放宽半小时。"而有时候，一个简单的"不"字就足够了。设定界限同样可以教会孩子努力取得进步。频繁地做某件事会让它变成习惯。如果孩子能坚持六个月早早到家，那么他实际上锻炼了很多能力，其中就包括遵守诺言。这让他在未来回家时限放宽的时候，更有可能继续信守诺言。

终极生活技能：希望和乐观

在父母培养孩子的所有品质中，希望和乐观是最珍贵的。如果对现在和未来都没有热情的展望，生活就会变得单调乏味，没有希望。（是的，我们都会经历糟糕的日子，但生活终归是美好的，在困难而充满不确定性的时期，我们尤其要告诉孩子这一点。）我们可以告诉孩子，我们对自身和环境是有一定掌控力的，以此来培养希望和乐观精神。未来不是一股要淹没我们的巨浪，而是可以驾驭的浪潮。如果我们意识到自己能够融入世界的浪潮，有能力成为一个有良知且积极参与的社会成员，就会对未来充满希望。

我们希望孩子能热情地奔向成年，而不是畏缩不前，在我们的空闲房间里做隐居的啃老族。我们向他们保证，即使在这个不可预知的时代，也总会有一条通往充实人生的道路。没有什么比那些经历坎坷，却仍然活得精彩的人的故事更具说服力了，我将在下一章介绍一些这样的真实故事。

第三部分

养育的抉择:
当下的效益与长远的目光

Ready
or
Not

Preparing Our Kids to Thrive
in an Uncertain and Rapidly Changing World

第八章

充满波折的人生道路

> 我们告诉孩子，成功就是一丝不苟地完成那份艰难的脚本，但同时，成功往往还是对一个难以预见的机会的敏锐反应。
>
> ——弗兰克·布鲁尼（Frank Bruni）[1]

一个 10 岁的男孩安静地坐在我办公室的沙发上。他还没到青春期，双腿在沙发边上晃来晃去，脚还不大能够得着地板。这是我们第一次见面，他妈妈忧心忡忡地带他过来，觉得自己的儿子可能会有"注意力不集中"的问题。她注意到儿子有时会心不在焉，希望我对他进行评估。这种担忧在我的工作中很常见，她实际是在委婉地问："我的孩子有多动症吗？"我们的见面让他有点尴尬，这个还未到青春期的男孩并不情愿被我询问私人问题。但他在我办公室中表现良好，也很专注，是他的母亲多虑了。

我自己养大了三个男孩，因此，当我发现面前的孩子在谈论诸如体育或朋友这些他感兴趣的话题时，会适当地集中注意力；而当谈到他的妹妹或作业，就远没有之前那么专注时，我并不感到惊讶。他的问题并不在于注意力欠缺，而是缺乏热情。10岁大的男孩应该是好动的，经过几分钟的热身交谈之后，即便没有对自己的兴趣爱好表现出格外的狂热，至少也应该是真挚的。但是即使我们的主队金州勇士队刚刚赢得了他们的第六个NBA总冠军，整座城市都沉浸在庆祝的氛围中，这个男孩的情绪也没显出一丝波澜。他看起来很专注，但也很冷漠。我在心里提醒自己，要考虑他是不是有抑郁倾向。

我挖空心思寻找可能真正引起他兴趣的事情，问他是否想过长大后做什么。他突然打起精神，毫不犹豫地说："我想经营一家创业公司。"他的活力，前倾的姿势，眼中的火花，都在告诉我，我已经找到了答案。我想知道关于创业公司的所有事情。我接连问了很多个问题，如果他这个年纪的孩子告诉我，他们想当兽医或消防员，我也会以这样的方式发问。"再多说一点吧。""你对创业公司了解多少？""创业最有趣的是什么？""经营运作一家公司需要你做些什么？"

然后，我会靠在椅子上，等待孩子们滔滔不绝。如果孩子想成为职业运动员，那么我会听到一长串比赛数据，对某个运动员英雄式的崇拜，以及去专门的训练营练习的计划，他们会想要进入高中校队，然后憧憬自己进入甲级联赛（实际上可能性极低）。然而这个男孩对如何经营一家新兴的科技创业公司一无所知，他甚至不知道"创业"意味着什么。但他很清楚要想在创业上取得巨大成功，自己接下来要做什么。初中还没毕业，他就已经把自己未来15年的人生规划得事无巨细，这一点令人印象深刻。他打算申请镇上竞争最激烈的高中，希望以此增加自己去斯坦福的概率，因为他听说很多创业者都是从那所学校走出来的。他知道自己不得不做一段时间的实习生，最好是在谷歌。但他忘记了一个事实，谷歌已经和"创业"二字关系不大了。他一心想要成为一个"赢家"。这时他又突然回到了篮球的话题，"就像你说的，勇士队夺冠了六次呢"。但他很快摆脱了这些"让人分心的事情"，回到了自己的"终身目标"创业上。我怀疑这才是母亲对他"分心"的担忧所在——在那一瞬间，这个男孩之所以分心，不过是因为他关心了10岁孩子该关心的事情。但这个孩子在心理上已不再是个小孩了；他是个野心家。他正在从结果倒推过程，逆向设计自己的生活方式，他认为这种方式最有可能保证成功。

不幸的是，他的如意算盘打错了。虽然这位小患者的父母、老师以及身边其他人都有可能愿意培养并鼓励这种思维方式，但是这么做只会降低他未来成功的可能性。无论他是想在谷歌工作还是想加入"为美国而教"（Teach for America）组织，是希望自己创业还是服务一家成熟的公司，情况都是如此。他错误地认为，在未来的几十年里，从A点（作为一个孩子）到B点（作为一个成功的成年人）最可靠的途径是沿一条直线前行。

人生就是一连串的弯路

太多人倾向于把成功看成是静态的"一成不变"的东西，而事实上，成功是动态而起伏不定的。成功需要我们长时间的努力。如果认为前几个世纪的成功路线仍然适用于 21 世纪，那你就错了。我对此非常自信，因为我已经花了超过 15 年的时间走遍整个美国，甚至差不多周游了全世界，并与相当多的听众谈论了儿童发展、心理学和教育学等学科的交叉问题。起初，我只是好奇成年人如何成功，后来，这变成了我每次演讲的开场白。我有两张幻灯片：一张是向上倾斜 45 度角的直线，另一张是有多次起伏的曲线，但其整体趋势都是向上的。

在屏幕上投影出这组图像后，我请大家举手回答我的问题："如果你认为自己取得了成功，你走的是直路还是一连串的弯路？"我已经向超过十万人提出过这个问题。令人震惊的是，无论我的听众是来自硅谷的技术人员、中产阶级社区的警察和教师、美国大公司的高管，还是高盛集团在中国香港的招聘人员——选择"走直路"和"走弯路"的比例总是惊人的一致。前者占 1%~10%，其余的 90%~99% 则冒险过，失败过，改变过方向，重新来过，经常失败，但最终找到了自己的方向。

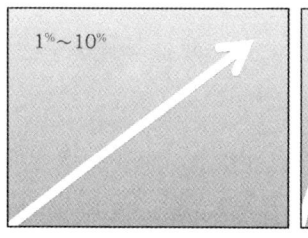

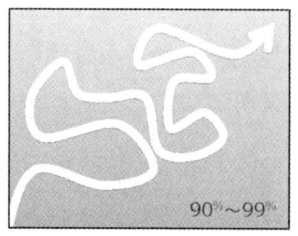

我们坚信，在有选择的情况下，走直线比曲线更稳妥。这种按部就班保持"正轨"的做法，胜过徘徊与游荡。在这个无法预测结

果的时代，我们却执着于结果。在这种养育方式下，子女不一定会获得成功，我们却很有可能在未来感到失望，因为这种方式遵循的是一条早已过时的人生道路。

认为走直路是确保成功的最佳方式，这种想法既不合时宜又危险。"世界经济论坛估计，现在有65%的孩子将会找到一份在你读这篇文章的时候根本不存在的工作。"[2]即便他们会从事现在人们所熟悉的工作，比如教育、护理或软件开发，以后的情况也会与今天大不相同。

我在硅谷附近生活和工作。住在附近的人们往往家境优渥，衣食无忧，受过良好教育，对科技有着很高的热情。虽然这里表面上是一种加州的悠闲氛围，但生活节奏却很快。事实上，人们对成功有着无限渴望。这里可能是全美国唯一一个将"连环"这个词用在企业家而不是杀手身上的地方。像其他地方一样，这里也培养出了各种各样的孩子，有些很好，有些不太好，但很多都有一种令人不安的优越感。他们的父母也是如此。聪明有才华、敢于冒险的创新者被人们视作模范公民。在这里，金钱的价值被高估而品格的价值被低估了。坐在我办公室里的那个10岁大的孩子就是这种文化的必然结果。他想成为被别人看重的人，却对自己想要从事的所谓的创业工作一无所知。

这种情况不仅发生在硅谷，在几乎所有美国特权人士的聚居地，一部分文化人越发集中地关注某种狭隘的观念，即什么是成功以及如何获得成功。我们担心孩子将如何在全球市场中参与竞争，并对那些神秘头衔感到困惑——数字霸主、数字洞察总监、增长黑客和夏尔巴创新人。我们不仅高估了某些教育机构对孩子的潜在"附加值",更主要的是,我们对于成功方式的看法大大偏离了重点。

如果说与成绩、就读学校、SAT 分数、进入名校以及实习经历等要素紧密相关的线性发展路线正是大部分人成功的方式,我们仍需将其与儿童的健康发展进行权衡。起码,我们要证明填鸭式的校内功课和课外辅导真的会让孩子受益。然而,现实——即真实的人走过的真实的道路——表明,这种特定的范式的准确度很有限。就成功所需的条件而言,更为准确的说法是,大多数成功人士都走过了一条蜿蜒曲折、未曾意料的道路。

当然,成功的内涵可以有很多种。经济独立是衡量成功的一个正常标准,从事有意义和有成就感的工作则是另一个,而组建一个健康的家庭,并为自己的社区做出贡献,也可以算是一个标准。这些不同的定义有时会有交叉,有时则不会。无论如何定义,我在那些成功人士身上观察到的典型特点,是他们对工作抱有真正的热情。正是因为这种热情,他们比他人在工作中投入更多精力,把错误甚至失败当成学习的机会,认为自己的事业会对世界产生影响。金钱是可以继承的,真正的成功却要靠自己去争取。

在那些充满励志色彩的故事中,没有什么比一个战胜困境的名人故事更令人信服的了。众所周知,奥普拉出生于一个贫困的家庭,被父母忽视,甚至曾经是性虐待受害者,但她成为世界上第一位美国非裔亿万富翁。我们知道迈克尔·乔丹在高二的时候就被校队除名了,而 J.K. 罗琳在《哈利·波特》系列获得巨大成功之前是一位靠救济金生活的单身母亲。温斯顿·丘吉尔在成为首相之前的十年里,在他自己所在的政党中一直不受欢迎,而纳尔逊·曼德拉在成为南非第一位民选总统并获得诺贝尔和平奖之前,曾作为政治犯被监禁了27年。如果仅仅用走过弯路来形容这些名人或政客的人生道路，那就太轻描淡写了。然而，他们戏剧性的生活让我们发现，他们发人深省的人生道路，和我们为孩子设定的成功路径可以说大相径庭。

然而，并不是只有名人才会走弯路。我第一次见到马修是在一次募捐活动上。他是硅谷那些让人艳羡的人之一。他魅力十足，精力充沛，见多识广，33岁就"暂时退休"了。他是脸书早期为数不多的员工之一。我问他如何在这么年轻时就变得如此富有，又为什么在脸书还在创始人马克·扎克伯格家里经营的时候，就选择了在那里工作。他笑着问我，是想知道他进局子之前的故事，还是之后的故事呢？像许多早期硅谷成功故事一样，他充满波折的人生故事证明了如下事实：在一个快速变化和充满创新的环境中，至关重要的是高度的灵活性、创造力以及适应不确定性的能力。他很喜欢在脸书工作的那些年，并且重复了那句几乎所有成功人士都说过的话："我一开始并没打算赚很多钱。我只是做了我喜欢做的事情。"成功人士们如此一致的观点实在不容忽视。

成功不是固定的直线。成功之前的多次失败都揭示了那条曲曲折折的弯路。想想史蒂夫·乔布斯在被自己的公司解雇后的重新回归，之后，他领导了世界上最具创新力的公司。在斯坦福大学2005届毕业典礼上，乔布斯提供了一个新颖的例子，阐释了曲折的道路是如何带来意想不到的成就的。他从里德学院（Reed College）退学，但仍在校园里闲逛，旁听吸引他的课程，包括一门书法课：

在这门课上，我了解了衬线和无衬线两种字体，以及怎样在不同的字母组合中改变字间距，什么样的书法设计更美观……当时我并不指望书法在以后的生活中能有什么实用价值。但是，十年之后，在我们设计第一台苹果电脑时，它一下子浮现在我眼前。于是，我们把这些东西全部放入了苹果电脑的设计中。这是第一台有漂亮文字排版的电脑。要不是我当初听了那门课，苹果电脑绝不会有那么多种印刷字体以及间距安排合理的字号。而微软后来只是照搬了苹果的设计，因此，如果没有那门课，很可能个人电脑里根本不会有这些东西……当然，我在大学的时候不可能把两者联系起来，但十年之后再回头看，两者之间的关系就非常清楚了。[3]

并不是只有顶级成功人士才有曲折的人生道路。我和各行各业的人都聊过，他们的故事证实，在当今世界，不绕很多弯路，从A点直达B点的情况很少见。接下来我要讲述一些我喜欢的普通人的故事——这些人不是百万富翁或名人，他们就像你我，以及我们的孩子一样。

史蒂文：重头戏总在下一场

史蒂文·克罗格（Steven Kryger）是他家里第一个上大学的人。他的父亲是纽约市的消防员，母亲一直是家庭妇女，等到孩子们都上了高中以后，母亲去了一家工厂工作。"我爸爸经常加班，以此来维持家用。我的母亲是这个家庭的支柱，照顾着四个孩子的衣食住行，在成长过程中，她在情感和精神上给了我们足够的支持。她让我知道了什么叫坚韧不拔。"史蒂文是个天生的运动员，他参加了他所在公立高中的橄榄球队、足球队和曲棍球队，并因为曲棍球被多所大学录取。他说："当我参观校园时，我爱上了宾夕法尼亚大学。我甚至不知道这是一所常青藤盟校！"父母的大力支持使我实现了梦想。

史蒂文最初学的是计算机工程专业，"然而在计算机实验室熬了许多夜之后，我发觉编程不适合我。所以我转到了沃顿商学院。我想我甚至不知道'商学'意味着什么。我没有第一手的经验，因为我根本不认识商界的人"。他不是一个专心致志的学生。"我没有看到学习的价值。只要我勉强及格或者考得差不多就可以了。"

毕业后，史蒂文搬到了旧金山湾区，他朋友的父亲给他俩安排了梅西百货行政人员培训项目的岗位。"当我开始工作时，我突然意识到，工作这件事对我很重要。我努力工作，经常加班。但大约一年之后，这份工作让我觉得没有成就感，备受挫败，因为很多员工只是为了拿薪水，就像我在大学里那样混日子。我开始思考'我真正想做什么？'我觉得当一名消防员或执法人员会更有趣。但消防员花在灭火上的时间很少，花在医疗急救上的时间却更多。我对此并不感兴趣。"所以在1988年，他成了奥克兰警察局的一名警官。

"这是一次很棒的经历。和我一起工作的那群人都很敬业。我们想方设法把坏人关进监狱，让市民有一个安全的生活环境。我们和一些最顽固的犯罪分子打过交道。我在缉毒部门工作时，我们经手成千上万美元的现金、大量毒品和枪支，和我一起工作的每个人都表现出了应有的诚实和职业道德。这是一个有着兄弟般情谊的团队。和很多优秀的人一起工作，我三生有幸。我喜欢每天去上班。"

1993年1月20日，史蒂文正在街头缉毒队工作，他的一名线人联络了他。"他告诉我，最近一个从圣昆廷州立监狱来的假释犯去他的祖母家恐吓祖母，说要把她和她的小外孙锁在房间里，用她的房子来卖毒品。"

在得到上司的许可后，史蒂文和缉毒队一起开车到那位线人的祖母家进行搜查。"我们不得不撬开安全门，用我们的撞锤把门砸开才能进到屋里。这时，嫌疑人开了一枪，子弹穿过房子的墙壁，射中了我的大腿，打断了我的股动脉、静脉和神经。我们的队长拿着刀子在伤口处割开了我的牛仔裤，血立刻像喷泉一样喷射出来。如果没有他和队里其他人尽心竭力的救护，我可能早就死了。"

经过手术和几个月的康复治疗，史蒂文的腿保住了，但他在做体育活动时需要戴上支架。"警察局不会让我在这种情况下出街巡逻。他们给我提供了其他职位，但我知道，如果整天都待在大楼里，我是不会满足的。"32岁时，他不得不再次转行。

"我想起了我的高中老师，他们特别了不起，有一位是我非常尊敬的微积分老师；还有一位来自意大利的教练创办了一个青少年足球俱乐部，我曾在那里教过6~8岁的孩子；还有一位曲棍球教练是帮我进入大学的人，我内心深处一直想要回馈他的帮助。"

史蒂文与当地学区的助理学监见面商谈，后者建议史蒂文学习一些课程，以便在公立学校系统中当体育教练和数学老师。史蒂文又读了三年大学，最后那一年，他白天在高中教书，晚上完成自己的学业。那时他已经结婚生子，但他还是坚持了下来。

20年后，史蒂文成了门罗-阿瑟顿高中（Menlo-Atherton High School）的体育负责人，他还在那里教四个班的数学，并担任男子曲棍球校队的教练。回顾自己的生活，他说："我一直都很幸运。虽然我小时候家里没什么钱，但我有一个美好的童年。我玩得很开心。无论我做什么，我的父母都会无条件支持我。每当我转过身来，机会似乎就会出现在我眼前：我在大学里交到一个家在加州的朋友，他爸爸帮我在梅西百货找到了一份工作。当我不想再待在梅西百货的时候，警察局碰巧在招人，那正好就是我想去的地方。后来当我不能再当警察时，就有了教书的机会。"

我告诉他，很多人在受伤并不得不放弃热爱的事业之后，可能不会像他这样乐观，史蒂文说道：

变化并不会困扰我，我喜欢改变。而且，我爸爸一直都很有韧性，他受伤后被迫从消防队退休，于是他又去读书，并最终成为消防学院的一名教官。当他不想再做那一行的时候，他又去当地报社做了一名记者，报道高中的体育活动。所以，父亲就是我的榜样，当一扇门关上的时候，另一扇门就会打开，而你必须穿过一扇又一扇的门。

最初你会沮丧，希望这些糟糕的事情没有发生过。但很快，你就得为了生活继续前进。就像体育比赛那样，我告诉孩子们，最重要的比赛永远是下一场。

第八章 充满波折的人生道路

莎伦：蜿蜒曲折的道路

当莎伦·雷宾德（Sharon Rehbinder）描述她的工作内容时，人们通常会说："这就是我想要的工作！"她在家办公，经常到美国和法国的各个城市出差。作为法国格勒诺布尔市的商业大使，她参加在法国驻洛杉矶领事馆举办的会议、一系列法国文化活动以及科技和商业会议。如果你在25年前告诉她，她可以带薪旅游，在国际会议上就纳米技术等问题发表演讲，她会说："那时的我绝对不会相信你，但这就是我现在的工作，我热爱它。而这一切都源于起初我喜欢上了法语。"

20世纪80年代，当莎伦被加利福尼亚州立大学北岭分校录取时，她并不确定这辈子想做什么。她的单亲妈妈是位职场女性，对孩子采取"放任"的教育，对于她的所有选择，母亲都双手赞成。莎伦选择了人文学科，法语是其中一门课，她很快就喜欢上了。"我不是一个不努力就能得到优秀成绩的学生，我需要在所有学科上都下功夫，但是在努力之后，我总能名列前茅。法语也是如此。"莎伦始终抱有的是成长型思维：**如果我努力，就会做得很好**。

从高中到大学，莎伦一直都在打零工，这些工作为她未来的职业生涯打下了基础。她先是在一家电话销售公司做接线员，然后在医生的办公室负责安排预约，继而又投身于零售业："我很早以前就克服了与陌生人交谈的恐惧，尽管他们可能会问一些我不知该如何应答的问题。"在国外读大三的时候，她住在普罗旺斯的艾克斯。"比起巴黎这样的大城市，那里的人语速要慢得多，讲英语的人也少。在艾克斯度过了一年后，我更有自信了，因为我真的融入了那里。"

回到南加州后，莎伦完成了学士学位，开始寻找一份有机会讲法语的工作。她在比弗利山庄的一家高档法国精品店找到了工作。在那里，一位顾客无意中听到了她与老板的谈话，对她的语言能力印象深刻："她建议我去法国领事馆应聘。"莎伦在领事馆的新闻部找到了一份工作。"我浏览新闻标题，对所有收到的新闻进行分类：是国际商务方面的新闻？还是文化方面？还是属于政治方面？"后来，她越来越善于搜索与法国和美国西南部相关的商业和政治话题。

她的下一份工作是在投资法国公司（Invest in France），这家机构致力于为美国公司提供全法境内所有地区的投资机会。尽管她的工作仍主要与通信传媒相关，但她也在向一个完全陌生的商务领域转型。由于来美国公司工作的法国副总裁很少能说一口流利的英语，所以她得到了一个参与会议的机会。"我的工作是对这些公司进行初步调研，并找到合适的联系人。在这个过程中，我也了解了法国的不同地区以及它们分别在哪个科技板块上比较强。"当格勒诺布尔的一位官员邀请她担任这个地区的北美商业大使时，她欣然接受了邀约。

格勒诺布尔的优势在于纳米电子、医疗技术和新能源技术。莎伦在这些领域接受过正规教育吗？完全没有。但到目前为止，她已经知道这个地区的哪些公司专门从事哪些行业。不仅如此，她还自学了相关材料并学会了如何合作："我在法国的团队让我对自己所做的事情充满信心。"

当被问及如何看待自己的职业道路时，莎伦说："这其中没有真正的逻辑可言。除了我自己创造的条件之外，我和法国从来没有一丝一毫联系。但是当我发现我喜欢说法语时，我就会使用这门技能，追随这份热情，尽管这份热情并不是一条实在的职业道路，甚至连一份工作都不是。"

哈里森：随机应变的梦想

在佐治亚州亚特兰大市长大的哈里森·西格尔（Harrison Siegal）喜欢打棒球。幸运的是，他也很擅长打棒球。"我八九岁就开始到各地参加棒球竞技赛，一年大约有 50 场。当我上到了高中，比赛就开始加码了，从秋季到学年结束，我要打上 100~120 场比赛。我既打二垒，又打游击手。这就是我的生活。"随着高中阶段的不断进步，哈里森的星途看涨。他和父亲前往内布拉斯加、佛罗里达、弗吉尼亚和亚拉巴马州的大学，那里的教练们正在招募有潜力的球员。"虽然只在大学球队里打球也很好，但我的梦想是参加大联盟。"

毕业前一年，拥有甲级球队的大学代表们会来高中挑选少数球员，并和他们签署一份入队意向书。"在我即将高中毕业的那个赛季，我发挥得超级棒。我登上了当地报纸的头版。那是我大放异彩的时刻！像西弗吉尼亚大学、佐治亚州立大学和乔治·梅森大学这样拥有甲级球队的学校都对我感兴趣。"然而，哈里森的指关节、拇指骨以及右手腕意外骨折了，一切都戛然而止。"我打了十个星期的石膏，不能动弹。我的高中赛季就这样结束了。"

当哈里森慢慢恢复的时候，他盘算着如何才能继续留在赛场上。

"我知道那些有甲级球队的学校已经把我拒之门外了,因为他们喜欢早点下手把想要的人收编入列。我一整个夏天都在努力比赛,最后有八所学校愿意录取我。我选择了弗吉尼亚海滩的克里斯托弗·纽波特大学。能去那里打球,我超级兴奋。这是我最想要的。"

在大一的秋天,哈里森终于梦想成真,他进入了校队。但是很快情况发生了变化:"一群前甲级球员从另一所学校转来。其中一个打了我的位置,而且那人只比我大一岁,所以我大一的时候没有机会上场。我可能也就打了一场比赛。"尽管如此,在那个赛季,他还是坚持留在了球队。

哈里森大一时还发生了另一件事。在一次鸡尾酒会上,哈里森的父母遇到了一位化学教授,他对哈里森并不了解,但对他在运动中表现出的顽强精神印象深刻,他敦促哈里森的父母把他的实验室研究项目告知哈里森。妈妈把教授的名片给了哈里森。"我拿起它,随便扔到了桌子上,然后我说,'随便吧,反正我永远不会理会这件事。我是一名棒球运动员'。"

大二时,他的想法发生了变化。"那时候棒球让我有点不爽。'如果这不是我下半辈子要做的事情,我真的要振作起来,为自己规划一下职业生涯。'所以我去见了那个化学教授,他告诉我:'你可以加入我的研究小组,拥有一份很棒的职业,还可以旅行。但你不可能在打棒球的同时还兼顾这个。你必须决定你最想要什么。'所以我考虑了一下,做出了决定。大二秋季学期之后,我退出了球队,在寒假期间开始为进行研究阅读论文。"

四年过去了,23岁的哈里森在弗吉尼亚理工大学攻读分析化学的博士学位。他直言不讳地向我谈起转行的原因。当被问及那位教授的研究是怎么和他一拍即合时，他说："打棒球这件事曾经让我一蹶不振，以致我根本不在乎要研究什么。被人期待的感觉太好了。对于大学棒球教练来说，我是个无名小卒，去不去都无所谓。可我觉得这位教授是真心实意地对我有兴趣，关注我的成功，而他给了我一个机会。我走到了十字路口，幸运的是，我做出了正确的决定。"

"我一直认为自己会成为运动员，"哈里森说道，"我从来都不是一个笨小孩——我以优异的成绩从高中毕业——我只是从来没想过自己会做学术。在棒球方面，我获得了很多成功，人们总是在夸奖我。奖杯还有掌声几乎就像毒品一样让我难以自拔。到了大学，棒球不再能带给我成就感。于是，我开始做研究，而这也很好，我继续做了下去，获得了美国化学学会的暑期实习和奖学金。大四那年，我免费去了新奥尔良，在化学学会的全国会议上展示了我三年的研究成果。我在棒球运动上没有得到的认可、成功和奖项，都在学术上得到了。我喜欢有目标并为之奋斗。"

当哈里森讲述他现在作为博士所做的研究时，他的热情显然超越了获奖等外在动机。"弗吉尼亚理工大学是一个颇具规模的研究机构。这里太棒了。我的博导使用的仪器设备都是独一无二的……"然后他开始介绍自己的专业——分子定量仪器设计，"这是世界上最好的专业，融合了一点工程，一点数学，还有一点物理。"

"如果我通过打棒球取得了成功，"哈里森思考道，"我可能会在科学领域做一些微不足道的事情；或者我可能会成为一名棒球教练，大概会是这样吧。我很庆幸机会适时出现了，而且我当机立断,选择了这条路。"

哈里森还提到了一件他父母可能都没有意识到的关于高中体育的事情:"那时候,如果我在科学研究上投入了大量时间,我可能会觉得自己是个书呆子,我的朋友可能会取笑我。"他的父母一定没有预料到,儿子会从明星棒球手变成分析化学博士。这就是人生曲线行进的美妙之处。

翠:为追求美好生活远渡重洋

翠生于1972年,在越南南部一个叫建江的地方长大。她有一个温馨的家,一家人兢兢业业经营着一间小铺子。他们平日就住在店铺楼上。她的父亲种植菠萝,这些菠萝被装载到船上,运送到西贡出售。作为七个孩子中的一个,翠讲述了她衣食无忧的乡村生活。他们靠一家人的努力买到了"全村第一台电视"。尽管经历了战争,但年轻时的翠过得还算波澜不惊。她的兄弟姐妹们一个接一个地辍学,帮着家里料理生意。但是,被公认为是家中"最聪明、最有能力的人"的翠,在父母的鼓励下继续她的学业。直到20世纪70年代末,越南的局面严重恶化,超过二百万平民在战争中伤亡,后来被称为"船民"的平民百姓从海上逃难到其他国家,翠才终止了她的学业。

等到新的执政者上台,翠家里如火如荼的生意已大不如前。翠的母亲为她做出了打算——当时15岁的她成了一名"船民"。她身边除了一个姑姑,再没有其他家人,翠和大约75个人一起走海路偷渡。妇女们被安置在本来是储存生鱼的船舱底部隔间。那里的条件令人难以忍受，酷热憋闷，臭气熏天，他们在缺氧缺水缺食物的环境中挨过了三天。翠回忆说，整个旅途中她一直在哭。

当船到达目的地马来西亚时，却无法停靠在海滩上。大家只好游上岸。有五个不会游泳的人淹死了。在接下来的两年里，翠住在马来西亚的一个难民营里。为了避免被强奸，翠和许多年轻女性都把自己的皮肤涂黑，因为大多数作奸犯科的海盗更喜欢白皙的女孩。由于官僚机构的混乱和文件的丢失，翠在两年的难民生活中什么都做过。她在医院和寺庙做过义工，学会了如何抽血和理发，还学了英语。在难以想象的资源匮乏的条件下，翠所具备的适应能力、变通能力和创造力不仅让她生存了下来，而且还有所作为。当她走出难民营的时候，她已经学会了英语，并发现自己对医学特别感兴趣。

在菲律宾的一个"教育营"待了六个月之后，当时只有17岁的翠被送到了美国。在那里，她找到了一些远房亲戚，尽管他们自己没多少钱，但还是收留了她，并帮助她重返校园。为了养活自己和亲戚，她什么工作都做过，包括去麦当劳打工、给保险公司打电话、缝纫以及实验室的工作。

翠先去了兰尼学院补修学分，获得了高中文凭。接着，她去了梅里特学院，最后去了加州大学伯克利分校，在那里她获得了全额奖学金，并获得了理学学位。她找到了一位改变她人生的导师，这位导师了解她并被她的经历打动，在她买不起书和电脑的时候，给予她经济帮助，同时也给了她精神上的支持。

据翠所说，她的故事并非以完美的成功而告终。她的家人陆续到了美国，和翠一起生活。她原本希望自己能成为一名医生，但面对养家糊口的需求，她却成为一名医疗技术人员。她结婚了，有两个孩子，对给她第一份工作的雇主非常忠诚。我们可能会认为，人生的波折往往是从一个领域到另一个领域的勇敢跳跃。但另一种曲折的路线包括适应周围的环境，尽管有恐惧、危险、挑战和障碍，都要"尽力而为"。翠的人生曲线是我所知道的最勇敢的旅程之一。

内特：一程令人愉悦的通勤

内特·麦金利（Nate McKinley）成长在一个为每个孩子做出不同教育规划的家庭中。内特被送到一所私立天主教高中，而哥哥则在当地的职业高中上学。虽然他们都上了大学，但内特的哥哥很早就在编程领域小有成就。内特继续着作为跨国企业家的父亲为他规划的道路，父亲的职业影响了内特，读大学时他进入了以商学为中心的全球研究专业，并选修了相关的商业课程。

毕业后，内特在一家金融机构工作，此后步步高升。他遇到了妻子特莎，然后跳槽到一家与国际银行做证券借贷业务的小型创业公司。起初，他觉得这份工作很刺激，但过了大约一年后，他的热情消退，三个小时的往返通勤时间似乎显得越来越长。内特回忆道："我渴望拥有个人兴趣，我在园艺中找到了答案。"

内特和特莎成了狂热的园丁，几年后，他们带着两个年幼的孩子从兰卡斯特搬到了波士顿外的一个乡村小镇。内特仍在金融行业工作，每天通勤两个半小时。在这对夫妇宝贵的悠闲时光中，他们制作果酱和沙拉酱,并用自家花园里种的蔬菜和水果为原料,制作各种食物。

最后,内特决定尝试一些更具挑战性的事情。"一个朋友给我送来了一台老式苹果榨汁机,我做了第一批发酵苹果酒。那味道简直反胃!因此,在我通勤的路途上,我会读一些关于酵母、发酵和苹果种类的知识。我做的下一批苹果酒就没那么难以下咽了,起码可以凑合喝下去。"内特继续努力,很快他们在地下室里就堆起了几箱5加仑的瓶装发酵苹果酒。一年多以后,内特准备让其他人尝尝这种酒:"在一年一度的万圣节派对上,我们举办了一场品鉴会,鼓励邻居带着苹果来酿酒,然后品尝苹果酒。大家都很喜欢我们的酒!"

派对上一个客人打趣说,内特是在他家房子后面的旧马棚里酿造苹果酒,于是"马棚苹果酒"(Pony Shack Cider)就这样诞生了。那年圣诞节,特莎为他这个新爱好购买了一批商标。他继续做着自己的日常工作,同时买下越来越多的苹果来酿酒。他把家里的车库整装一新,把业务从地下室搬到地上。内特在波士顿从早上7点工作到晚上7点,然后回到家熬夜酿制苹果酒。他筋疲力尽,但也乐在其中。他首次向当地的农产品直销店和酿酒厂推销了他的苹果酒,马棚苹果酒也正式开张营业了。

入行零售业一年之后,为了扩展苹果酒的生意,内特租下了一块更大的空间。两个月后,他被公司解雇了。"虽然虚惊一场,但也算是因祸得福。我终于可以全身心地投入我所热爱的事情中去了,现在我的通勤时间只需要5分钟!"又过了一年,内特的苹果酒进入了当地的七家餐馆,零售范围也从附近的贩酒店和专卖店拓展到了科德角的商店。内特每年生产5000加仑的苹果酒，并计划第二年将产量翻一番。妻子特莎说，"他现在比以往任何时候都快乐，在孩子们的学业生涯中，我想不出还有比他更好的榜样了"。

我人生的曲折道路

我人生的曲折道路始于我的工薪阶层家庭。我的父亲是纽约市的一名警察，47岁时突然去世，在此之前，我母亲一直是全职主妇。此后，她靠抚恤金生活，在身无分文的情况下，在纽约西奈山医院找了一份社工的工作。在家庭关系这方面，我是幸运的，我的父母感情很好，也很疼爱我和弟弟。与此同时，父母的保护欲也让他们对我充沛的好奇心和野心有些担心。在我十几岁的时候，我妈妈常说："玛德琳，别吃着碗里的看着锅里的。"她的潜台词是要懂得分寸。她想让我知道，工薪阶层家庭的孩子不应该异想天开，而是应该把目标放低一点。父母希望我能够当一名老师。我敢肯定，他们肯定没想到我最终会成为博士，成为和他们完全不一样的人。

我在家庭中有一个特殊角色：在一些复杂的或超出父母认知范围的话题上，我会充当翻译。我的父母都很聪明，但父亲从来没有上过大学，母亲则不愿彰显自己的聪明，她为我能否结婚而发愁，经常劝我"别在男生面前那么自作聪明"。不过在家里表现得聪明些倒无伤大雅。我的父母对我和弟弟的求知欲和学习成绩都非常满意。对于许多工薪阶层的孩子和移民子女来说，情况都是如此，我们是他们通向更广阔文化的桥梁。在家里，我有很多机会把复杂的内容翻译得更易理解。我学会了把各种观点和信息综合在一起，把它们解释清楚，并讲得引人入胜，吸引父母的兴趣。几十年后，当我开始在公共场合写作和演讲时，我仍然在运用这些技能。

从史蒂夫·乔布斯上的一堂书法课，到哈里森·西格尔的母亲随意递给他的一张化学教授的名片，每个曲折的故事都蕴含着机缘巧合。我的第一次机缘巧合发生在大学时期。我只申请了一所学校：纽约州立大学布法罗分校。尽管我的父母希望我离家更近一些，但至少布法罗在本州内，而且我在那里获得了奖学金。那时我上不起其他的大学。之后发生了一系列无法预料的事情，就在我进入大学英语专业的时候，学校恰好抽调了一群老师，他们后来成为这个国家最重要的文学人物。许多年前，位于北卡罗来纳州阿什维尔的黑山学院关门了。黑山的师生群体由当时最有创造力的思想家和艺术家组成，包括艾伦·金斯堡（Allen Ginsberg）、约翰·凯奇（John Cage）、摩斯·肯宁汉（Merce Cunningham）、巴克明斯特·富勒（Buckminster Fuller）、罗伯特·劳森伯格（Robert Rauschenberg）等等。黑山学院关门后，这些具有惊人创造力和革新精神的人在全国各地游荡了一段时间，其中的一群人以及他们的朋友移居到了纽约州立大学布法罗分校。就这样，我结识了艾伦·金斯堡和莱昂纳德·科恩（Leonard Cohen），师从于文学评论家莱斯利·菲德勒（Leslie Fiedler）、诗人罗伯特·克瑞利（Robert Creeley）以及后来获得普利策奖、成为美国桂冠诗人的罗伯特·哈斯（Robert Hass）等人。

一次偶然机会，我进入了一所普通的公立学校，却在那里接受了非同寻常的教育。毕业后，我决定攻读社会工作专业的硕士学位。我去了哥伦比亚大学，但没有完成学业。在经历了父亲去世和一段坎坷恋情之后，我需要私人空间处理一些事情。于是我回到了布法罗，拿到了教师资格证，成为一名成人教育教师。我的学生中许多人都拿着最低工资，拼命想拿到普通高中同等学历证书。我喜欢这份工作。"好吧，"我想，"这条路行得通，我以后去纽约教高中生吧。"但说实话，这份工作并不理想。学生们来自纽约最难应付且充满暴力的社区，他们似乎没有什么学习积极性，而有积极性的学生也不得不表现得相当低调，否则就会受到排挤。我花了很多时间对那些有上进心的孩子进行家访，和那些渴望孩子成功的妈妈一起坐在厨房的餐桌前，努力想办法，试图在轻视学习、不求上进的氛围下，鼓励孩子阅读。我喜欢那些餐桌旁的谈话，我发现自己很有提出新颖解决办法的天赋，比如说，我会把学校藏书室里多余的书送给孩子，让孩子在家里也能阅读。

然而，我的教学能力很糟。尽管我为自己能够解决个别问题感到欣慰，但面对大多数学生都调皮捣蛋的35人班级，想要提升整体的士气我却束手无策。我的课堂一片混乱，对于如何将我对文学的热情传递给这些无论是在教育体系中还是社区内都饱受折磨的孩子，我感到毫无头绪。一个局外人会说我的失败很惨烈，但这次失败并没有特别困扰我。我将之看作一个信号，它让我知道自己可能永远不会在教学上出类拔萃，因此需要转换方向。那个学年结束后，我辞去了教职，在纽约西奈山医院精神科找了一份工作。我就职于青少年精神病住院部，所在岗位的正式头衔是"文娱治疗师"。

我在小组工作中的表现还算过得去，当然，与其说那是治疗，不如说是引导青少年病人做手工、学做菜。我发现，我非常擅长与青少年一对一交谈，他们中的一些人有抑郁倾向或焦虑症，另一些人患有如精神分裂症或躁郁症等严重的精神疾病。他们的行为可能很极端，并不是每个人都想和他们打交道，但他们强烈的情感引起了我的兴趣。我被这些孩子吸引，我很享受与他们的交谈，但当时我从来没想过自己会因此走上这条职业道路。

我在医院待了两年半，有一天主管把我叫到她的办公室，告诉我她要解雇我。她说："我不想再让你做这份工作了。你需要回到学校，读一个心理学的学位。你在这方面很有天赋。"我对被解雇感到震惊，但同时，这个对我如此有信心的女人也激励了我。她对我进行了指导，我也确实拿到了心理学的博士学位，之后便继续从事家庭咨询和青少年治疗工作。

现在回想起来，那条引导我成为心理学家的道路是清晰的。我在家里是个翻译，在市中心是别人餐桌旁的心理医生，在西奈山则力所能及地帮助那些患有严重精神疾病的年轻人。但如果事先知道这一切，事情就不会这样发展。如果我的家庭有相关资源的话，也许他们会把我送到职业顾问那里，对我进行评估和面试，然后得出我应该成为一名心理医生的结论。但要想知道自己最终会爱上什么样的工作，旅程中的每一步都是必要的。我并没有像很多父母担心的那样"浪费时间"，在寻找人生方向的过程中，我获得了智慧、经验和自信。

经过大约20年的实践，我认识到一种文化现象正在影响着年轻患者，并对此颇有感触，于是我写了一本书——《审视暴力：媒体暴力如何影响孩子和青少年的发展》。此前我已经发表过一些文章，并得到了积极的反响；将近30年后，我在文学课上练就的写作技巧终于开花结果。我设法找到一位经验颇丰的著作经纪人，他把这本书卖给了一家著名的出版社。但是随后，我的编辑辞职了，这本书就沦为孤儿，这意味着没有编辑会关心这本书能否成功。虽然收获了不少赞许，但书的销量却寥寥无几，又是一次"失败"。

六年后，我才开始重新执笔，同样是因为我在生活和工作的富人区里看到了年轻病人身上的弊病。《特权的代价》(The Price of Privilege)引发了全美父母的共鸣，并成为畅销书。我开始接到讲座邀请。令我自己惊讶的是，尽管我一生都在与焦虑作斗争，除了20岁出头那段短暂教学生涯之外，我也没有任何公开演讲的经验，但我在台上却游刃有余。史蒂夫·乔布斯花了10年时间才在苹果电脑的字体上看到书法课的回报，而我则是在向父母妙趣横生地介绍外面世界的新闻的40年后，才看到其开花结果——我能够以幽默的方式教给父母们育儿的方法。

我的人生轨迹不是计划好的，而是我意料之外的。在这条蜿蜒曲折的人生道路上，唯一不变的是我的好奇心、信心以及从容面对失败的态度。这本书试图勾勒出我们培养这些特质的一些方法，尽管其中的某些特质与遗传基因有关，但我们可以更好地在孩子身上培养这些特质。就我个人而言，我总是因批评声而更加进步，即使在今天，我都对听众提出的改进建议比赞扬更感兴趣。我想继续学习，而听众的反馈为我指明了方向。

当我思考是什么促使我为我们自身和孩子写作这本关于加速变革和调整的书时，我意识到，我对自己不懂的领域的好奇心和对熟悉领域的一样强烈。写作这本书对我来说是一次探索未知领域的机会（我最初不得不查询人工智能是什么意思！）。它让我能够以清醒的眼光审视那些试图改善父母育儿方式的失败尝试，并更深入地探讨心理学和教育学，以及神经学和社会科学。这也让我更好地理解了是什么推动我们前进，又是什么让我们停滞不前。此外，还有什么比即将来临却不可知的未来更有趣呢？希望这一章中的故事能给这本书所强调的概念——好奇心、变通能力、创造力、适应能力以及曲折道路中蕴含的普遍价值——提供真实的素材。

第九章

育儿方式的改变

> 除非你有一个能去打零工的孩子,否则生孩子与零工经济是冲突的。
>
> ——乔希,两个孩子的父亲
>
> 你要像用很多球玩杂耍一样,弄清楚哪些是玻璃球,哪些是橡胶球。
>
> ——阿曼达,三个孩子的母亲给新手妈妈的建议

在这本书里,我们看到了不确定性对父母育儿决策产生的负面影响。我们了解了高发的焦虑症如何阻碍孩子适应力和风险承担力的发展,而这些能力正是他们在不断变化的世界中茁壮成长所需的特质。我们探索了一系列的专业技能和基本技能,这些技能将在孩子长大后对他们助益良多。同时,很多成年人的人生道路是他们意料之外的,却引领他们拥有了充实而成功的人生。我一直努力培养家长们的勇气,说服他们进行反思,拓展他们在为孩子未来做准备

第九章 育儿方式的改变

时的思路。这也意味着我们要善待自己，这样我们才能始终保持沉着稳健与心理健康，成为有爱心和有效率的父母。

家长们已经焦头烂额，所以他们需要以一种全新的方式来思考育儿问题。不确定性每天都会在微观层面影响我们的行为。宏观层面上的不确定性——诸如职业安全感和对男女不同的文化期望等，迫使我们重新考虑自己作为父母的角色。这是一件好事：母亲和父亲各自对为人父母的体验截然不同，在育儿方面也有不同的优势。只有我们花时间来梳理和思考这些差异，才能改进我们的育儿方式。

然而，如果我们没有认识到目前的许多困难在本质上是制度性问题的话，谈论改变育儿方式就是虚伪的：各州和联邦政府对儿童服务的支持力度不够，父母工作时间表不灵活，或者会因雇主的心血来潮而改变，公司希望雇员能够一周七天24小时不间断地待命，工作场所没有内部托儿服务，假期和私人事假少得可怜，产假太短，陪产假很少或根本没有。一些公司吹嘘他们丰厚的员工福利——健身房、洗衣服务、瑜伽课程、冻卵补偿，以及全世界美食任你挑选的自助餐厅，但是只有7%的美国雇主在工作场所或附近提供儿童保育服务，[1] 尽管这是迄今为止对父母最重要的福利。如果想创造一个更快乐而高效运转的家庭生活，与其增加各种附带福利，不如改革我们的制度。只有积极推动这些改革，大家才能过得更好。但是，在这些改革实现之前，我们必须在自己的小家庭里，尽力而为。

当今父亲的写照

大约 20 年前,当我刚开始涉足育儿和儿童成长相关领域时,我的读者几乎全都是妈妈。现在,这种情况已经发生了很大的变化,特别是在过去的 10 年里。虽然女性仍占我受众中的大多数,但男性的数量已经超过了 40%。这种局面的出现,不仅仅是因为参与到教育中的父亲越来越多,也因为家庭构成发生了很大的变化。大多数儿童(65%)生活在传统的双亲家庭中,35% 的孩子的家庭模式则并非如此。[2] 在过去的几十年里,单亲家庭、性少数群体、由祖父母和养父母主导的家庭数量在不断增长。我的三个千禧一代出生的儿子给我举了很多例子,告诉我家庭的定义已经变得多么宽泛了。他们都知道,有的家庭中的父亲是家庭主夫,也有的家庭中的孩子由两个同性家长抚养长大。但是在大多数家庭中,仍然是母亲承担了大多数压力、期望和焦虑,这让她们困惑而迷茫。

在我的从业经历中,很少能见到父亲的身影。但是,为了完成这本书,我积极地寻找新一代参与养育工作的父亲,阅读针对他们的为数不多的所有研究。这些父亲或是全职进行育儿工作,或是孩子的主要看护人,其中的大多数就业于咨询、创意或技术领域,这使他们能够一直在家工作。在言谈间他们会透露出对自己新角色的隐忧,但也表现出跃跃欲试的强烈意愿。"宝宝回到家里的第一周,你也跟着学到了八百万种新知识。"音乐家阿里说。他的妻子是罗格斯大学的社会学教授。他提到,为了试图保持理智并"证明我仍然是个精神正常的人类",他经常带着孩子出去玩,或者去拜访友人,其中几乎没有人有孩子。虽然他深爱自己的小儿子,但"我真的不知道一个爸爸应该做什么。男人不会说,'我从小的梦想就是成为一位爸爸。'而女人在成长过程中总是想着:'我要成为最好的妈妈。'"

许多和我交谈过的年轻父亲都会怀念往昔的兄弟情谊:"和哥们儿一起出去玩,谈天说地,喝着啤酒……"由于每20个全职父母或主要看护人之中只有一个是父亲,因此孤立感可能是一个重大的挑战。[3] 在美国的一些地区,要找到一群有相似经历的父亲可能有点难度。与我交谈过的许多男性最终会加入全职妈妈的群体,但他们经常感到不自在和羞耻。一位居住在华盛顿特区的父亲告诉我:"我几乎永远是人群里唯一的爸爸。大多数妈妈似乎对我的存在完全没有意见,但也有很多时候,我觉得大家其实都不愿意和我说话,或者有点躲着我。所以,在某些方面,是有点孤独。"

这些父亲讲述的另一个共同经历是,在没有女性帮助的情况下,如果他们成功地把孩子绑在胸前,便可能会被赞为英雄。但他们也有被妈妈说教的时候。阿里说,"一个陌生女人会告诉我,'孩子哭了肯定是因为他饿了'。"乔希的妻子在一家广告公司做项目经理,乔希自称是孩子的主要抚养人,他说:"带大女儿出去的时候,我就像个落难的少女一样被对待。好多女性似乎感觉自己有责任告诉我如何抱宝宝,她们还会因为我掌握了在超市购物的技巧而啧啧称赞。"十年前,当他第一次参加家长会时,会长说:"哦,太好了,有个爸爸可能会有点用处。"乔希察觉到"他们更像是在开母亲会"。

乔希很快意识到，要想成为一个顺利完成养育任务的主要抚养人，他必须"不在乎别人的看法"。他的大女儿出生于2002年，两个女儿现在都已经上了初中和高中。他和妻子是早期采用灵活育儿方式的父母，但时代已经变了。乔希说，他现在走在街上、市场上，甚至在家长会活动中都能看到很多爸爸的身影！以全职父亲为主要成员的小团体如雨后春笋般涌现出来，这让父亲们一解孤独之苦，同时增强了他们之间的友爱和互助。虽然数据少得可怜，但我认为，一个合理的假设是，就像母亲一样，父亲的心理健康对孩子的适应力培养同样起着重要作用。

年轻父亲的态度中最让人耳目一新的是，与母亲相比，他们普遍没有那么焦虑。如果我们想让孩子不冲动，保持冷静，他们可能需要更多与父亲在一起的时间。父亲之间热议的话题不会围绕着孩子吃了多少或拉了多少而展开。杰克是四个月大的戈尔达的父亲，他是我见过的年轻父亲中的典型。"我不太担心犯错，我认识的其他爸爸也一样。无论你多么尽心竭力去保护你的孩子，总有搞砸的时候。每个人都有不同的问题。大多数愿意承担起主要看护责任的父亲都被当成了年度最佳父亲，对我们的标准比对妈妈们的要低得多。"

男人往往会将高效简单的生活气氛带入到育儿中，这种气氛自有其轻松与趣味。一档名为《居家爸爸秀》(*At Home Dad Show*)的播客节目就是面向这类人群开设的，那可以说是一个覆盖全国的松散爸爸社区。有一期节目讲述了父亲们在洗衣技巧上的比拼。一位讨厌叠衣服的父亲说，他放了两个篮子，一个用来装脏衣服，另一个用来装干净的衣服，让他的孩子四处搜罗他们的日常衣物并归置到两个篮子里,孩子们很喜欢。其他父亲也表示赞赏,一致认为这是一个绝妙的安排。节目中的另一位父亲说,曾经有一段时间,男人不相信女人真的想出去工作。他沉思了一下,然后说:"而现在,也许是女人不相信男人真的想留在家里带孩子。"显而易见,我们正处在一个各种角色——养育孩子的角色、工作角色、性别角色——加速变化的时代。我鼓励各位以热情和开放的心态来看待这些变化。

职场上的父亲

当然,如今大多数父亲并不是孩子的主要看护人。大多数人仍然扮演着传统的养家糊口的角色,尽管其数量在减少。在过去的十年里,一个惊人的变化是,以前父亲们认为,母亲待在家里不工作对孩子最有利,现在有这样想法的爸爸明显少了。2009年,54%的父亲有这样的想法。到了2019年,这一比例下降到37%,45%的母亲和41%的父亲认为最理想的情况是,母亲从事兼职工作。[4]

然而,经济上的现实考量持续重塑着这些观点,改变着父母哪一方留在家里带孩子的选择。随着住房危机和许多家庭面临的一长串经济压力,包括以前难以想象的学费负担,父母双方都全职工作变得更加必要。尽管目前男性在职场上每挣1美元,女性只能挣49~80美分,[5]但美国大学毕业班的统计趋势预示着变化正持续发生。2016年,获得博士学位的女性数量连续八年超过男性,在研究生院的女性也以135∶100超过男性。[6]随着公众对同工同酬的关注，我们有理由期待在不久的将来，女性的薪酬能够赶上男性。这反过来将改变家庭中谁出去工作，谁又留在家里看孩子的分工。

而一直以来饱受工作劳累之苦的男性可能会欢迎这种变化。与我交谈过的千禧一代爸爸们被"工作狂文化"吓倒了。谈到工作与疲惫时，资本主义对员工的标志话语是"死人才会睡觉"和"咖啡因激发创造力"。全职爸爸杰克说："创业文化非常有毒。我这个年龄或比我更年轻的男性应该去寻找生活和工作的意义，而不是陷入'疲劳至死'的文化无法自拔。"

如果大量全职父亲重返全职工作岗位，很难预测将会发生什么。随着时间的推移，也许就业格局的演变可以让父亲和母亲在积极参与育儿和高薪工作之间转换自如，而不仅仅是在育儿的间隙出来"打零工"。30年前，经常跳槽或简历中出现空档期的员工会被用人单位质疑。现在则不同了，简历上的空档期——通常是花在旅行、学习或志愿服务上的时间——可能正体现了雇主所期待的灵活性和好奇心。抽出时间当全职爸爸会不会得到类似的赞赏？或者说，男性会不会像女性从20世纪70年代以来一直对抗的"妈妈空档期"[1]一样，在声誉、机会和薪水上面临着"爸爸空档期"的惩罚？如果男性在没有这种惩罚的情况下受到用人单位青睐而重返工作岗位，这可能也会让女性在转换角色时更加容易。此事目前尚无定论。如果男性积极参与养育工作，那么其身份变化轨迹会是怎样的？这是一个还需要进行更多研究的领域。

---

[1] 指因为全职在家看护孩子而在简历中留下一段没有工作的空档期。——译者注

对于妈妈们来说，从中找乐太难了

在我的职业生涯中，我见过的大多数母亲都在努力兼顾繁重的工作和年幼的孩子。很少有人能掌握这种平衡，我们之中很多人因此感到精疲力竭、应接不暇和惭愧内疚。"我应该能做到的，"一位兢兢业业却又情绪抑郁的儿科医生说。她有三个不到7岁的孩子。我和她都知道，有些东西必须放弃。一个抑郁的母亲对自己和孩子都是风险。

对双职工家庭的研究揭示了一些可能造成母亲们痛苦的原因。研究表明，参与"第二轮班"（工作之外还要顾孩子）这一重任主要还是压在母亲的肩头，尽管今天的父亲比此前的几代人贡献更多。父亲陪伴孩子的时间从1965年的每周2.5小时增加到2016年的每周8小时，这种转变振奋人心。但在同一时期，母亲带孩子的时间从每周10个小时增加到了18个小时，所以母亲与孩子相处的时间仍然是父亲的两倍多，也比20世纪60年代的母亲花费在育儿上的时间多了近一倍。在家务方面，爸爸每周贡献大约10小时，妈妈则贡献18小时。[7]

母亲的工作包括什么？她所做的不仅仅是搬东西、购物、做饭和做其他家务活本身，她还要对这些事操心。社会学家把支撑家庭生活的基础叫作"操心的工作"，而这份职责大多落在女性身上。此外，研究还指出了人际交往中女性特有的"情绪劳动"（emotional labor）。其中一个小组研究了女性管理者与同事之间的关系。他们发现，这些女性"表现出乐观、冷静和同情，即使这些并不是她们实际的情绪"———一种许多母亲所熟悉的压抑形象。这种情绪劳动会消耗人的力量，让人在工作中精疲力竭，在家里对与工作有关的各种事情左思右想，进而导致家庭冲突。[8]而正如克里斯汀·王在《纽约时报》上所描述的那样，这也会导致男女之间持久的压力差距："偶然的压力，比如失业，可能会导致同样的问题，但情绪劳动并不是偶然的。这是一种基于女性社会化性别角色的持久责任。"[9]

对母亲的文化期待

几十年来，人们一直对母亲进行研究和心理分析，特别是对那些在外工作的母亲。例如，20多年前，社会学家莎伦·海斯（Sharon Hayes）在《母性的文化矛盾》（*The Cultural Contradictions of Motherhood*）一书中创造了"高强度母职"（intensive mothering）这一流行的术语。她在书中探讨了工作如何影响女性与子女的关系。海斯认为，在职妈妈面临着一个矛盾：她们在本职工作中要有竞争性和野心，但同时又要能够友爱而无私地照料自己的子女。事实证明，要把这两种模式整合在一起是非常困难的。而妈妈们经常会有一种感觉，"我好像什么都做不好"。

海斯将"高强度母职"定义为以孩子的需求为中心的工作，其中包括育儿专家设计的多种昂贵、费时而又消耗情感的方法。当海斯的书在1998年出版问世时，这种育儿方式正甚嚣尘上。她认为，随着越来越多的女性进入职场，这种趋势将逐渐消失。未来会出现一种新的养育模式:妈妈不会在日常生活中对孩子呵护得面面俱到,家庭内部更倾向于父母之间合理分工,但这种情况并没有发生。相反,对女性既要履行好母职又要养家糊口的文化期待越来越高。

然而,并不是所有的妈妈都会陷入这样的困境。我们已经习惯了那些难以达到的高标准——在家里做一个好妈妈,在学校不知疲倦地为孩子维护权益,在工作中精益求精使劲赚钱,保持健康年轻而又性感,还要心存感激——对于某些母亲而言,这些特征彰显了她所属的阶层。一项研究发现,在6~13岁孩子的母亲中,受过高等教育的母亲在履行"育儿管理"的责任时会比受教育少的母亲多花130%的时间。[10]另一项研究发现,相比于中产阶级和中上阶层的父母,"教育水平和职业地位较低"的父母往往在与孩子的互动上有着不同的风格——例如,设置更多的"没有商量余地的规定",并且在孩子的情感和智力发展方面投入较少。这不仅是因为工薪阶层的父母有着不同的生活需求,而这限制了他们的时间和资源;也是因为她们对做一个好母亲的理解不同,这种理解反而是一种保护,使她们免受完美主义苛求之苦。

在人们以往的印象中,社会各个阶层的母亲都没有像今天这样陷入养育孩子的各种事务之中,也不会像今天这样被自我怀疑所困扰。20世纪中叶存在性别角色僵化的严重弊端,而且精神病学界错误地将自闭症和精神分裂症等各种儿童精神疾病,都归咎于母亲对孩子的呵护不当。与此同时,那个时代积极的一面是,妈妈们不会对自己或者彼此做出如此苛刻的评判。有好孩子,也有"问题儿童"。对于"问题儿童"的父母,人们会表达同情而非批评责备。除非家庭环境明显不正常,否则人们会认为学龄儿童应该对自己的行为负责。相比之下，在今天，当我们听到某个孩子态度不好或行为异常时，我们自然而然地想到，"是不是父母没把他们教育好"。

20世纪育儿法的另一个引人关注的地方是，好孩子的父母不会把每一次成功都立即宣扬出去。他们没法这么做——当时没有社交媒体，社会准则也不同。如果你每周都发布关于你孩子的最新消息，或者在车上贴"我的孩子是个优等生！"的标签，你会被别人看作是神经病。不管你是尖子生的母亲，还是"问题儿童"的母亲，你的声誉都不会与孩子的行为产生太大的关联。

那些生于20世纪中叶的女人已经长大了，有了自己的孩子，现在已经当祖母了。她们这一代人所经历的这一切——获得了更多的工作机会、政治权力、金钱、生育自由，还有大多数其他的好处也带来了一些附加的问题。50年过去了，机会遍地开花，而我们为人父母的责任和自我怀疑也在不断加重。对于大多数女性来说，母职的文化矛盾仍然根深蒂固。

妈妈们分身乏术

最近有位患者跟我说，她3岁的儿子可能有"学习障碍"。在学前班讲故事的时候，他表现得烦躁不安，对学习基础知识毫无兴趣。她对我诉苦衷道："根据专家的说法，孩子在3~4岁之间就应该认识字母了！但我有工作，也许我和他在一起的时间不够多，也许是因为我允许他在星期六早上看动画片。我知道我不应该这样，可我太累了。我读书给他听，也许他觉得我并没有享受阅读的过程。"

第九章 育儿方式的改变

我的一些患者担心孩子会出现严重的精神和学习问题，更多人则在面对正常的行为时也感到心烦意乱，这些行为即使不做干预也几乎肯定会解决。我已经能够预料到母亲们反应过度，对孩子发展过程中任何微不足道的落后或微乎其微的捣乱行为感到自责。父亲们作为一个群体，则从没有过自我谴责。这其中并没有一个明确的原因。可能只是因为千百年来，养育孩子一直是母亲的责任。这也可能与"自私偏见"有关，这是一种认知现象，意思是男性更倾向于将负面情况归咎于外部力量，从而保持自尊；而女性则更容易自责，而这么做会对她们的自尊产生负面影响。[11] 不管是什么原因，根据我的经验，父亲们很少对孩子所谓的不良行为过度反应或过度自责，而母亲们却经常为此折磨自己。

妈妈们常常要在有竞争力的员工和无私的养育者之间找到平衡，这让她们感到紧张。除此之外，还有很多因素折磨着她们。有一个因素确实源于工作者与养育者的冲突，即我们如何对自身和孩子进行评价。为人父母是一种一脉相承的事，不仅涉及知识的传承，还包括价值观、礼仪、传统和信仰的传承——这些是无法用数字来衡量的。相反，工作上的成就是用指标来衡量的。你为你所在的组织增添了多少价值？你赚了多少钱？就像女性在办公室进行"情绪劳动"一样，我们也把市场竞争中的指标带回了家，融入育儿中。在职场，竞争和晋升颇受重视，而这种文化已经渗透到我们对孩子的评价中，继而延伸到我们评价自我作为父母的成功之中。这是一种整体文化，影响着全职和在职的所有母亲。

对于大部分中产阶级和中上阶层来说，母亲的身份已经变得职业化了。我经常听到妈妈们把她们的工作描述为"奥林匹克运动"，一项需要最顶尖的设备，最理想的训练，以及对孩子才能最精心的培养的运动。那些和其他母亲攀比的想法——我们比她们更苗条，更性感，更能干，孩子更有才华，赚的钱更多——并不能让我们赢得比赛，而是让我们失去了最需要的东西，那就是女性间的守望相助。虽然工作和市场可能需要竞争，但做母亲肯定不应如此。

由于我们总是缺乏其他女性的真诚帮助，并且往往住在远离娘家的地方，我们不仅把孩子当作情感寄托，还将他们视为我们自身成功的标志。你可能会认为，你的孩子的成功也代表了你的成功，所有那些关于"我的孩子是一名优等生"的汽车贴纸实际意思是"我是个优秀的家长"——但我们大多数人都知道，两者并不能画等号。只要家里不止一个孩子，你就会知道，虽然我们对孩子的成长有一定的影响，但这种影响并不是无限大的。我们应该明白，孩子的发展是不规律的，其中只有一部分与父母的抚养有关（没有人确切地知道这"一部分"到底有多大）。

竞争导致了孤立。在当前社会，除了与孩子相关的领域以及成年人的工作场所之外，人们结伴而行的时间越来越少。在过去的50年里，社区发生了翻天覆地的变化。加入有组织的宗教团体的人越来越少——五分之一的美国人和三分之一的千禧一代根本没有宗教信仰。[12]当我们成长为中产阶级并向高层次迈进的时候，曾经给予移民祖辈慰藉的宗教团体通常会被抛在脑后。我们都认同"培养一个孩子需要一个村庄的力量"，这个村庄现在一般是由什么组成的呢？也许是几个亲密的朋友和一些亲戚。但我们必须有幸住在他们附近，还得能和他们和平相处。还得有家庭教师和保姆，他们是有报酬的村民。再加上学校，这是一个临时的社区，但如果我们的孩子病得很重或者我们失业了，我们也指望不上学校。当然，随着孩子从学校毕业，我们与这个特殊社区的关联也告一段落。

最后，这个村庄里只有我们和孩子了，也许还有伴侣（35%的孩子与单身父母一起生活）。[13]我们维持着自己小家的自给自足。我们将保护这个封闭的家庭看作是确保孩子获得优异成绩，进入一流大学，并且赚大钱"过上好日子"的途径。很多人会担心孩子无法达到我们预期的收入，这种担忧并非毫无根据。但是，如果我们让孩子们把全部注意力放在考试和上名牌大学上，他们的价值观就会扭曲，他们可能会将物质利益置于人际关系之上。我们都说我们想要"好"孩子。虽然"好"与"聪明""会运动""有才华"并不相互排斥，但要做到"好"，需要一种完全不同于只关注这些价值的教育方式。我们每天与孩子进行几十次言语或者非言语交流，每周有上百次之多。我们该关注什么，好奇什么？如果你想要"好"孩子，就要积极地让他们知道，虽然很多东西对你来说很重要，但善良、同情心和同理心才是最关键的。当他们放学回家时，不要问"你今天考得怎么样？"或者"你的小队赢了吗？"而是去问"你和你们班上那个新来的女孩相处得怎么样？"

在母亲的情绪困境中还存在另一个不可忽视的因素。母亲会有这样一种想法：我们在努力育儿的过程中，不得不牺牲掉的自己生活中的东西（晋升、友谊、独处时间、去健身房），都将会以某种方式被孩子的成功补偿。在与母亲们就过度关注孩子的问题进行了多年的讨论之后，我发现，她们往往希望自己能够大声说出"这一切都是值得的"，因为孩子成为体育明星、毕业生代表，进入了一流大学。

父母的参与有助于培养一个有才华的孩子，但也可能会助长怨气。被公认为有史以来最优秀的网球运动员之一的安德烈·阿加西（Andre Agassi）曾说过："我讨厌网球，隐秘地、狂热地讨厌着网球，我一直都是如此。"[14] 他的父亲对儿子的职业生涯执着且专横，这使他成为别人眼里的成功者，而内心却痛苦不堪（阿加西染上了冰毒瘾）。我们不能牺牲自己的大部分需求，来期望有朝一日享受孩子的成功。契约需要双方都对契约内容有所了解，况且我们的孩子从来没有答应过这样的交易。

为了在分崩离析的经济大环境中不落伍，能够获得足够的收入，能够与其他家庭竞争，我们相信我们必须继续努力，继续前进。在匆忙中，我们失去了自我反省的能力。我们看重忙碌，鄙视"懒惰"。没有人能像我们这样过这种连轴转的忙碌生活，连恢复体力的时间都没有。当伴侣、朋友或亲戚向我们提出休息一下时，我们往往很快就接受了建议，但是对于主动要求休息，甚至（想象一下）自己直接休息起来，我们却感到不自在。

我们的制度很少为母亲提供支持，伴侣往往也无法提供足够的帮助，母亲们只得在赚钱，养育孩子，为孩子的未来做准备等事务之间耗尽心力。我们告诉自己我们很聪明——我们能够以某种方式处理好这个问题。但是，越来越多的母亲受到抑郁和焦虑的困扰，这反映出我们已经不堪重负，我们的应对机制正在失效。

从活跃的母亲到空巢老人

当我们的孩子离开家时，我们终于有时间从他们的日程表上抬起

第九章 育儿方式的改变

头来，做回自己。我们将回到什么样的角色？无论是否准备好了，我们都需要重新将身份从母亲调整到"空巢老人"。而父亲们不会以同样的方式经历与孩子们的分别。他们可能会想念孩子，但对大多数男人来说，他们的自我价值感和身份认同并不如此依赖父亲的身份。

当我的小儿子即将大学毕业时，我发现自己逐渐偏离了我最基本的自我认同：一个母亲。30年来，这一直是我的核心身份。多年来，我一直把家里的故事融入演讲中。随着我的孩子们长大，离开家去上大学，然后进入成年生活，我发现自己越来越困惑，不知道何时以及如何开口说出"我有三个儿子"。这已经不再是我身份中至关重要的一部分，尤其是对于听众中那些充满朝气却又忧心忡忡的年轻父母来说。作为一个心理学家和作家，我的职业生涯建立在这样一种信念之上：为人父母不是要把"快乐"的孩子永远拴在我们身边，而是要让孩子成为独立、优秀的成年人。然而，当我的儿子们完全融入他们自己的生活时，我却被一种失落感弄得措手不及。我为什么没有兴高采烈地尽情庆祝呢？有时候我确实为此高兴，但与此同时，回忆起我们共同取得的成就，我也会为弥漫在心头的悲伤感到吃惊。

我早就知道，我的儿子们有朝一日会加入一个我无法介入的圈子，那是一个由工作、友谊，最重要的是还有其他关系组成的世界。我会待在一个独立的空间里，很大程度上只是受欢迎的访客，而不再是中心。我最担心的是，他们会感到童年时的自己离他们越来越远，而我这个在他们身边30多年的女人会慢慢消失在他们的视野里。最近，我的小儿子杰里米刚刚订婚，当我们庆祝这一喜事的时候，我突然感到闷闷不乐。我说："我身边一个孩子都没了。"他很快回应道："妈妈，虽然我们都不在你身边了，但我们永远是你的孩子。"我感动得流下了眼泪。这句话就贴在我浴室镜子上。每天早上我看到的第一样东西就是它，它既是一颗定心丸，也是我顺利做好每件事的保证。

孩子从婴儿成长为羽翼丰满的成年人这几十年，母亲们发生了翻天覆地的变化。我们对自我身份的打破，不仅在于某种特殊关系的丧失，还因为年轻时的自己消失在更年期的阴云中。我们岁数太大了，无法再实现某些梦想。我们已经做出了无法挽回的选择：因为孩子而没能在工作上更进一步，或者努力工作了却总是对孩子感到愧疚。当我们的孩子长大时，恶果开始逐渐显现。稀里糊涂的婚姻，始终无法实现的事业，无法维系的友情，以及最难熬的对死亡的恐惧。养育孩子的乐趣戛然而止，我们突然发现自己有了时间反思。我们在哪些地方做得对？哪些地方做得不好？我们如何度过剩余的时光？谁又会帮助我们撑过这个过渡期？

在这样一个以孩子为中心的时代，养育孩子的家庭所付出的代价也在于我们没能建造一座把我们从生活的一个阶段带到另一个阶段的桥梁。因此，我们与孩子们离别的痛苦被放大，我们身份的转变也令人不安。无论我们是否有自己的事业都是如此。而我们的母爱越是无所不包，这个过程就越艰难。这也许就是当下父母不能完全放手让孩子去闯的原因。

坚持到底要付出什么代价？

在过去的 15 年里，年轻人和他们父母之间的关系发生了巨变。

这种变化最早出现在大学迎新的时候，那些一心想让孩子进一所好学校的父母们，很难走出之前的生活。

20世纪90年代，还没有针对大学新生的家长会：孩子们被送到宿舍，爸爸妈妈和他们拥抱道别后就开车离开了。21世纪初，各大高校开始为大一新生的家长提供与学校责任相关的小组讨论。到2010年，大多数学校都开家长会。学校引导家长给他们的孩子一定的独立空间，并告知放手的重要性，这样新生们才能学会如何照顾自己。那时候，许多家长就开始怀疑，学校能否为子女提供必要的照顾和监督。他们的担忧不无道理：大多数学校都希望18岁的年轻人能对生活有基本的了解，然而许多新生并不具备这样的能力。

如今，高校为了安抚焦虑的家长，不断修改政策。金融危机后期，我们进入了一个充满不确定性的时代，学费和房价飙升，毕业生缺乏成功的职业发展规划，而与大学生就业方向相关的信息充斥着社交媒体，让人目不暇接，我们为此一筹莫展。一些私立大学每年的学费高达5.5万美元，但家长们不会因此退缩。"用屁股想想都知道，如果有什么差错，我一定会给那个学校打电话……如果孩子没有得到学校所承诺的资源，学校一定会接到父母的电话。"一位母亲在《大西洋月刊》（*The Atlantic*）的一篇文章中这样说。[15]

作为回报，学校给家长们提供了更多接触校园活动和资源的机会，一些学校还成立了家长委员会，方便家长们直接与校方联系。这让家长们可以继续在很多方面介入他们成年子女的生活：在学校网站上查看他们的成绩，咨询教授和职业咨询师，频繁发短信或打视频电话给孩子。社会学家劳拉·汉密尔顿（Laura Hamilton）观察到父母对子女大学生活的干涉："过度养育给婚姻和事业带来了压力,尤其是对女性而言……人生道路完全被父母铺平的子女很难适应成年生活,这种说法不无道理。"[16]

关于大学生每天与父母多次沟通会对他们的个人发展产生何种影响,研究结果褒贬不一。但没有人会关心频繁接发短信,以及为孩子排除障碍会对母亲产生什么样的影响。这些事情多见于母亲身上,而不是父亲:我们很少见到父亲会关注孩子在大学生活中遇到的苦恼。女儿们尤其会在最细微的决定上征求母亲的意见,而大多数母亲也不愿意减少交流的频率。

父母的过度干涉并不一定会在孩子毕业后结束。根据密歇根州立大学的一项调查,近三分之一的父母代替他们刚毕业的子女提交了求职简历,近10%的家长尝试与用人单位就孩子的薪水进行谈判,又有4%的家长参加了现场的工作面试。[17]这对年轻的申请者来说有多尴尬?而随行的父母又是怎样的心情呢?

当我们的情感生活已经与孩子紧紧相连长达18年或更久,我们唯一的纽带就是他们的学校或者团队,我们的自尊心、自主性会受到何种影响?如果孩子不是未来的主人,我们还会憧憬未来吗?过度育儿可能致使年轻人日渐失能,这会不会造成他们对母亲与日俱增的依赖?这种情感寄托阻碍了青少年的发展,这对他们的母亲也有同样的影响吗?当我们执着于一个成年子女已不再适应的角色时,我们又错过了什么?我们不仅渴望被爱,也渴望被我们的成年子女需要。难道这是一种不自觉的努力,想要通过假装自己仍然是孩子们所依赖的年轻母亲,来延缓衰老?

有位母亲仍在校订她25岁孩子的研究生论文,为她26岁孩子的"发现自我"的旅程买单,洗她28岁孩子的衣服,因为"成为一个年轻的律师是如此的费时费力"。她可能看起来像个不折不扣的"为孩子搞定一切"的妈妈，而实际上，通过保持在孩子生活中的首要地位，她在为她自身的生活价值而战。母亲如果没有独立于其家庭角色的自我意识作为坚实基础，就容易在积极育儿行将结束时感到孤独和沮丧。

在一个大学毕业生（出于各种原因，特别是经济原因）经常在家待业很久的时代，这些问题更加紧迫。在进入大学的年轻人完全投入新生活之前，与他们难舍难分的母亲们可能要经历无数次考验。即使我们对20多岁的儿子或女儿搬回家住感到喜忧参半，但温馨的陪伴很难抗拒。如果所有事情都按部就班地推进，成年子女终将永远离开他们的原生家庭。如果我们没有像为孩子制定人生蓝图那样热切地为自己规划路线，我们将会怎样？我们和我们的孩子一样生活在一个不确定的时代里。我们是否已经掌握了信心十足向前迈进所需的技能？

不管公平与否，这些都是母亲们所面临的挑战。的确，不平等的育儿分工始终存在，令人抓狂；抚养年幼的孩子令人兴奋，但也很残酷；我们身处一种激烈竞争的育儿文化之中；而这一切都会让人觉得难以承受。家长们需要联合起来，为抚养孩子争取更多制度上的支持。但是现在除了我们自己，没人会来拯救我们。当我们的孩子进入小学阶段，母亲除了照顾孩子和事业之外，还必须注重自我成长，维护成年人的交际圈。

另一种看待母亲的视角

母亲们常常放弃个人抱负，无微不至地照顾孩子，而把自己在社交圈联络感情的需要、对空闲时间和兴趣爱好的需要放在一边。有些时候，特别在孩子还小的时候，这种舍弃是不可避免的。但是我们不仅仅是有事业的母亲，除了这些角色，我们还是女性。我们自己的发展并没有在我们给予孩子生命的那一天止步不前。我们需要在二三十年里继续成长，以积极向上的心态抚养我们的孩子。如果我们忽视了这种成长，我们很可能就不会快乐，囿于当下，未来更不堪设想。这并不是对妈妈们提出的额外要求。相反，是为了指出如果我们不断忽略自己的需求，就会跳过我们自身发展的关键环节，这使得我们的资源（包括内在和外在资源）在孩子成长的过程中变得匮乏。而孩子对我们的需求越来越少，最终都会离开家庭。

心理学家苏尼亚·卢瑟（Suniya S. Luthar）和露西娅·西塞罗拉（Lucia Ciciolla）经过研究发现，下列四个条件对女性积极适应母亲角色有很好的作用，分别是：无条件的爱，处于困境时获得安慰，真诚的关系，有无话不说的好友。"结婚本身并不一定起到保护作用，"她们在报告中写道，"更能让女性受益的是，她们能在需要的时候感到被爱和安慰——不管这些感觉来自何方……当代的母亲们都在谨小慎微地竭力照顾自己的孩子，因此，她们必须有意识地建立和维系与朋友以及家人的亲密、真诚的关系。这些关系被视为必要的缓冲，以应对在20年或更长时间内维持'足够好的'抚养的严峻挑战。"[18]

亲密的友谊是双向的。友谊的培养需要花时间在一起聊天，不能有孩子在周遭跑来跑去，那样不可能专注于对方在说什么。当然，当我们初为人父人母时，最容易和另一对新晋父母建立起联系，其中有些情谊会贯穿一生。与此同时，与那些没有孩子或孩子年龄大一些的人的交往可能会半途而废。我鼓励妈妈们，即使在艰难的育儿初期，也要尽量维系好人际关系。在这方面，技术可以提供帮助。一条简短的消息，在社交媒体上发一条能让大家"想起你"的动态，比如发一张照片什么的。随着孩子们的长大，这些联系会成为我们融入社会的桥梁，帮助我们度过与他们分离的时光。研究表明，比起其他人，母亲们更难与其他人社交，这可能是她们平日生活过于紧张忙碌的缘故。在职母亲可能对这种感觉最为强烈，她们依赖于"随机"的情谊，比如去健身房或看足球比赛。

现在，我的孩子们都已经长大了。我经常在想，在我30年来积极做母亲的过程中，我本应做些什么不同的事情。尽管这些年以来我一直在工作，但我从未觉得自己能从孩子们那里抽身，或者真正参与到一些不属于家庭生活的事情中去。回想起来，我本应给自己留出一些时间去追求个人的理想，与朋友们建立更多的联系。我想，如果那样的话我会更快乐，而我的孩子们几乎不会注意到每周没有花在他们身上的那几个小时。尤其是他们逐渐长大后，自己的生活已经够丰富多彩了，他们有朋友陪伴，可以去参加课外活动，培养自己的兴趣。所以我不去现场看足球赛、戏剧演出或曲棍球比赛都是自然而然的事情，甚至可以说是一种解脱。当我想到这里的时候，脑海中常常浮现出一个画面，那就是我的孩子们在各个运动场露天看台上，而我大部分时间百无聊赖地翻阅着手机，我一共在那里坐了多少个小时？我本可以将这些时间花在一项与孩子或工作无关的活动上。有一天，我儿子在训练前大摇大摆地走到我和其他家长面前，说了一句无可辩驳的话："嘿，那边有一块空地，你们为什么不去玩呢？"

合理的时间安排

在育儿问题上，有一点是爸爸妈妈们都比较认同的。那些觉得自己花在孩子身上的时间"恰到好处"的父母，他们认为自己做得出色的可能性是那些自认陪孩子太少的父母的三倍。表面上看，这不无道理，但是皮尤研究中心提供的这些数据，留下了诸多疑点。[19] 多少时间才算"恰到好处"呢？父母认为他们应该和孩子们一起参与什么样的活动呢？显而易见，家长的内疚感正在增长，如一位作家所说的"优质家庭时间的综合体"——昂贵的家庭度假套餐、主题公园、电影院，再加上游戏厅，等等，所有这些都是为了让在职的父母在孩子身上大肆挥霍美元，从而减轻内疚感。[20]

父母担心，孩子（3~11岁）会因为我们没有花足够多的时间和他们在一起而受煎熬，这种不安并没有得到可靠的研究支持。[21] 有研究表明，家人与青少年相处的时间与较低的问题行为发生概率之间存在着一定联系——在这项研究中，恰到好处的时间大约是每周六个小时，包括像一起吃饭这样的活动。[22] 几项新的研究表明，父母与孩子相处时间的质量比数量更为重要，但相处的"质量"与特殊场合或昂贵的外出活动无关，而与我们在一天中共同参与活动——吃饭、开车去某个地方、清理院落、外出闲逛、打篮球——的基调和亲密程度，以及父母参与其中的态度有关。如果父母能享受和孩子在一起的时光，会对每个人都有很大帮助。[23, 24] 所以，事情可能比我们想象的简单。在我们忙得不可开交、日程超负荷的日子里，那些微不足道的瞬间以及漫不经心的谈话，让我们与孩子建立起一种深厚持久的关系，可能就是我们该做的。就像这个前所未有的时代里的许多事情一样，这种想法是违背直觉的，而我们需要在自己和孩子的成长过程中不断重新学习。

最重要的是，我们必须牢记在心，我们自身的持续发展与孩子对不确定的未来有多少准备有着很大关系。本书所强调的各种技能——创造力、好奇心、开放的心态、敢于冒险——都取决于我们的孩子是否有足够的韧性，能否鼓起勇气，以兴奋和热情而不是焦虑和恐惧面对未来。父母为孩子们提供稳定、可靠的蓝本，自己情绪稳定、心态放松，孩子就更容易为未来的不确定性做好准备。这意味着我们要保护自己免受巨大压力的影响，并继续积攒自己的资源，拓展自己的兴趣。之前，我们把所有注意力都集中在孩子的成长上，是时候充分认识到他们的发展在很大程度上取决于父母的榜样了。

第十章

直面未来的家庭：加强道德教育，积极参与社群活动

> 如果你想走得快，就独自前行。如果你想走得远，就共同前进。
> ——非洲谚语

谈到让我们的孩子为不可预知的未来做好准备，任何对话都需要一个显而易见的前提：许多让人感觉恐惧的失控不是由自然或技术引起的，而是人为造成的。这包括不稳定的医疗体系、不公平的司法系统以及目光短浅的能源政策，而这都是我们选出的人所做的决定。尽管我们的民主并不完美，但官员和他们做出的选择确实是由我们的选举决定的。通过行使我们的投票权，并在家中强调同情和正义的重要性，我们和孩子将会有能力影响未来，这包括谁能获得未来的财富，以及谁会最先受到未来的冲击。如果我们希望未来是光明的，我们必须教给孩子一个以尊重自我、他人和世界为基础

的价值观。只有基于这种价值观的社会,才能提供给孩子安全的未来。即使是那些将全副精力投入教育、信心坚决又富有的父母也无法靠一己之力提供这种保护。

建立一种道德导向

价值观是由孩子周围的成年人灌输给他们的。儿童根本不具备掌握一套抽象道德标准的认知能力,他们需要在行动中认识价值。价值观的养成,需要父母以身作则,需要在日常生活中得到检验,需要通过对话进行培养,也需要磨炼与示范。他们在家里接受教育,但也受到文化的熏陶,而结果可能有好有坏。大多数情况下,价值观的形成是环境而非教育的结果。我们必须让孩子通过观察我们的行为,来理解和把握价值观究竟为何物。比如说,如果你认为尊重很重要,那么无论是面对教授或医生,还是面对食品店里做三明治的人,你都要保持尊重,不论你的孩子在不在你身边。只有不断重复,才能将行为转化为习惯。

随着时间的推移,孩子们所领会的价值观将会形成一种道德导向,指引他们的一生。我相信,五种核心的价值观可以构建出坚实可靠的道德导向:诚实、同情、公民参与、个人担当以及基本的修养。"基本的修养"听起来可能很老套,但我喜欢这个词,就像我喜欢"良好的态度"一样。因为这两者都意味着对遇到的每一个人保持礼貌,无论我们是否同意他们的观点,是否和他们是同类,或者是否以崇敬之心对待他们。同理心是重要的价值,也是同情心的要素。单纯的同理心并不一定会促使我们帮助他人，但同情心可以。

在过去的 50 多年里，文化从关注这些基本的价值观转向关注个人和个人的成就。这传递出的信息似乎是，只要我们专注于家庭和自我的成功，我们就不会辜负我们所爱的人，并且履行了应尽的责任。如果在这个过程中，我们有几次选举没有投票，忽略了社区存在的问题，逃避了对自身不良行为的责任，或是没有遵守文明规则，那又怎么样呢？现在分裂的社会正说明了这种心态的腐蚀作用。

坚实的价值观要求我们在某些时候能够为了更广大的群体、社区或国家的利益而放弃自己的利益。给我减税？听起来是不错。但是哪些公共服务会因此被取消呢？到头来谁赢谁亏？这种考虑至关重要，因为我们如何在艰难的道德判断上做出选择，也决定了我们的孩子未来会如何做。大多数孩子是在父母的价值观下长大的。孩子和父母可能会留不同的发型，有不同的生活方式，可能会有耳洞和文身，但研究清楚地表明，孩子长大后的选择，会与父母相似而非不同。

我的父母出生在这个国家。20 世纪初，我的祖父母为免受迫害从白俄罗斯移民过来，从那时起他们再也没有见过自己的家人，但在布朗克斯社区，他们成了积极的社会参与者。我的祖父山姆是一名瓦匠，他是当地慈善组织的负责人，帮助那些想要移民但仍滞留在危险的故国或是已经勇敢踏上移民美国这条艰难道路的人。我对价值观的实践的最早记忆，来自我的祖父山姆，他为这些人募集资金，并且要求家里的所有孩子都捐款。我还记得，当我把自己攒下的几枚硬币递给他时，顿时自豪地觉得自己长大了。我可以确定从来没有人问过我对奉献的感受。为他人奉献已经溶化在我移民家庭的血液中。如果你希望孩子表现出良好的价值观，就对他们提出要求和期望吧。孩子都不想辜负父母的期望。重要的是要记住，随着孩子的成长，道德水平也会不断发展。对于他们中的大多数来说，做个"好人"就已经为做正确的事提供了足够的动力。家庭是孩子们的第一个共同体。要确保他们明白，你期待并且重视他们的贡献。

为取得这些成就我付出了艰辛的努力，但我的成功也离不开家人的付出。我家的墙上挂着祖父母在曾经的美国移民检查站埃利斯岛拍的照片。他们并不是为了我而来到美国的，但我了解他们的全部经历。我的孩子们却并非如此，但我想让他们明白，永远不要错误地认为自己取得的成就完全是个人努力的结果。我也希望他们记住，他们的贡献以及他们所践行的价值观，将会影响一代又一代人。

道德发展

现在比以往任何时候都更需要父母来树立道德行为的榜样。我们曾经依赖学校和礼拜场所来传递道德教诲，但如今，我们对这些机构的信任在不同程度上被削弱。斯坦福大学"挑战成功"的研究告诉我们，在精英扎堆的学校里，大多数成绩优异的学生都可能会作弊，尤其是在他们临近毕业的时候。[1]正如我们所看到的，很多学术机构为了让自身看起来更具竞争力，在学生数据上含混不清甚至公然作假。在如何做出明智以及道德的选择上，我们所在的小团体往往无法提供明确有力的指导，而更广泛的文化环境则更不可靠。

好消息是，我们终于见证了一场公开的对道德行为的重新评估。2019年美国大学招生舞弊丑闻显示，很多家长、教练和学校官员卷入其中，这引发了社会公愤，也把这个问题推到了风口浪尖。

财力充沛的父母篡改考试成绩，支付巨额贿赂，对孩子的照片进行修饰，好让他们看起来更像是运动健将，以便进入南加利福尼亚大学、乔治敦大学、斯坦福大学和耶鲁大学等名校。随着越来越多的家长被起诉，并遭受巨额罚款，被关进监狱，事件也引发了越来越多的关注。毋庸置疑，特权阶层的孩子在大学录取过程中一直都有优势，但这样明目张胆的违法行为已经是是可忍孰不可忍了。就像本书中的许多棘手问题一样，在现实中，没能坚守道德底线的行为极其普遍且成因复杂，它反映了这个过度追求个人主义的社会最糟糕的一面，而仅仅通过表面的关注是无法解决的。在做这类道德抉择时，我们应该深入思考，努力坚守价值观。在思考应对措施时，要认识到我们的社会对违背道德准则的事情长期以来都持宽容态度；要考虑道德层面的价值，将那些可能引导我们做出错误行为的想法扼杀在萌芽状态。

科技领域的情况甚至也在不断改善。几十年来，这个行业的信条始终是快速行动，打破常规，尽量不承担负面影响。几年前，当我和谷歌的研究总监彼得·诺维格（Peter Norvig）交谈时，就有过这种感觉。我告诉他，"我每天都用谷歌。……谷歌对研究很有帮助。但是我也有病人在谷歌上学习如何割腕。你们是否该对此承担责任呢？""不，"他回应道，"这个问题你应该去找学校、孩子和家长。"这种态度与人工智能领域工作者的回应如出一辙。在哈佛大学一场关于基因编辑技术（改变DNA序列的基因工程手段）的活动中，一位朋友向小组成员询问这种研究所牵涉的道德内涵，得到的答复是："这个问题要找伦理学家来谈，我是个科学家。"将责任分隔开已经成为一种常态，道德被贬到了角落里，科学家和工程师不愿意也不认为自己需要去关注这件事。

然而这种情况在2016年美国总统大选后突然发生了变化，当时人们发现有国家在脸书上使用虚假账户和虚假报告，试图干预选举结果。此后，一些顶级学府，如斯坦福大学、哈佛大学、康奈尔大学和麻省理工学院等，都开始提供或要求学生修读与计算机科学伦理相关的课程。这些课程要求学生思考以下问题："技术是不是公平的？如何确保数据没有偏差？机器应该参与对人类的评估吗？"[2]"对付科技公司的一个有效手段就是向员工施压，"圣塔克拉拉大学马库拉应用伦理学中心主任伊琳娜·雷库（Irina Raicu）写道，"我们应该要求技术人员接受道德培训，让他们认识到自己在捍卫民主制度方面能够发挥的作用。"[3] 2018年发生的事件印证了这一点，当时，全球数千名谷歌员工罢工，声讨这家科技巨头对高管性骚扰指控处理不当。

虽然父母总是希望培养出值得信赖而有社会责任感的孩子，但当除了企业高管之外，还有很多人都有可能做出具有广泛危害性的不道德行为时，道德教育就变得更为紧迫了。举例而言，将基因工程应用在农作物上的科学家，制造和测试无人驾驶汽车的工程师，以及依靠大数据来制定公共政策的官员，都有可能做出有害道德的决定。在孩子进入工作岗位，成为决策者之前，我们需要向他们灌输一套价值观和思维方式，让他们能够成为我们文明和地球上合格的一员。尤为重要的是，我们要更加关注设计思维。设计思维的基本含义是，在产品开发和解决问题的过程中，要以体恤他人、以人为本为核心思路。这种思考方式首先关注的是受困扰的人们的需求。当对旧秩序的颠覆会带来飞速创新和高额利润时，人们崇尚的是"快速行动，打破常规"，如今这样的时代已经落幕。我们每个人都对数据泄露以及隐私遭到侵犯感到厌烦。希望引领未来的几代人能够对他人有同理心，保持远见，决策透明，而不是一味地"颠覆"之前的观念。

此外，如果孩子不知道一个有思想、有参与感的公民意味着什么，我们就不能指望他们构建出一个更美好的世界。罗伯特·庞迪西奥（Robert Pondiscio）曾是进行公民教育的教师，也是一位研究教育问题的出色作家，他一针见血地指出："如果不改善公民教育，就意味着我们向本国充满毒害的政治投降了。"[4] 在我看来，我们的孩子在这方面的教育迟到了大约十年。从初中或更早开始，学校的一部分课程就应该围绕着道德、技术、政府和民主等"重大问题"引导学生进行思考。孩子们需要思考、讨论、研究这些问题，并从多个维度理解其后果。如果没有将道德教育和公民教育设为初高中的核心课程，我们就无法帮助孩子发展深入思考复杂问题的能力。当孩子在未来面临无法想象的困境时，开放的心态、好奇心、变通的思维以及对自身偏见的自省力等批判性思维，将会帮助他们渡过难关。

第十章　直面未来的家庭：加强道德教育，积极参与社群活动

即将到来的技术发展和生物研究进步令人激动，但它们也有可能带来无法预见的严重后果。爱因斯坦和奥本海默都因自己在原子弹研制过程中发挥过作用而悔恨不已。亚瑟·高尔斯顿（Arthur Galston）是橙剂的发明者，这种在越南战争中广泛使用的化学武器对环境造成了严重破坏，导致难以计数的疾病和新生儿先天缺陷。高尔斯顿说："不管你在科学领域做了什么，都不能保证给人类带来好处。任何发现在道德上都是中立的，其结果可能对人类有益，也可能带来破坏。这不是科学的错。"[5] 经过基因改造的婴儿、人工智能、无人机和机器人技术都有可能是有益的，也有可能是有害的。我们只有教会孩子对这些技术发展进行批判性思考和道德判断，才有可能避免灾难，从中获益。用哈佛大学哲学教授艾利森·西蒙斯（Alison Simmons）的话说："我们希望学生能够塑造自己的技术未来，而不是被它塑造。"[6]

伦理道德教育

诚实、同情心、公民参与、个人责任感和为人处事的基本修养是主要的道德要求，让我们的孩子能够深思熟虑并做出合乎道德要求的选择。我们可以通过树立榜样，反复强调，以及交流沟通来把这些品质教给孩子，并随着孩子理解能力的提升，调整教育的内容。我们对小孩子说："永远不要说谎。"当他们长大后，我们会向他们解释与人交往的细微之处——如果你想避免伤害别人的感情，有时撒一些善意小谎也是可以的。我们自身要为人诚实，这一点至

关重要。否则，孩子们很快就会注意到父母的虚伪。如果我们在晚餐时间与另一半讨论如何才能不履行陪审团的职责，如何尽量少交税，或者如何避免与不喜欢的家庭成员接触，那么孩子肯定会对我们的诚信质疑。如果想让孩子拥有良好的价值观，我们就必须言行一致。

  孩子们在早期会表现出一定的同理心，能够理解和分享他人的感受。我们可以将这种与生俱来的同理心转化为行动，让他们不仅希望与他人产生共鸣，而且还希望能够帮助他人，减轻他人的痛苦。"如果这件事发生在你身上，你会怎么想？"这样的话简单而有说服力。引导你的孩子去了解自身的感受，并一起找出解决问题的方案。"欧文很不安，他把我的滑板撞坏了。等我站上他的滑板把它撞个粉碎，看看他有什么反应。"帮助你的孩子了解自己的感受——这种情绪可能是对朋友的愤怒和失望，然后引导他认识到，他的解决方案只会让朋友难过，这么做对他自己又能有什么好处呢？你需要提出问题，在孩子有机会冷静下来并承认自己受伤之前，不要急着给出答案和解决方法，教会他站在伤心的朋友的立场上思考问题——他不大可能希望自己的朋友受到伤害。通过对朋友的痛苦感同身受，帮助他实现自我调控，将同理心转化为行动："也许欧文可以和我一起去商店把它修好。到时我们都会感觉好一些。"

  无论是在孩子的学校，还是参与当地的活动、与邻居交往、支持我们关心的事业，日常生活给我们提供了很多示范公民参与的机会。当孩子看到我们参与其中，他们也会学着这样去做。个人的责任心和基本修养也是如此。大多数让人铭记在心的领悟都是从细微

第十章 直面未来的家庭：加强道德教育，积极参与社群活动

而反复出现的场景中得来的：父母如何对待杂货店的收银员，如何与其他父母和孩子交往，如何处理犯过的错误，如何在亲戚不在场时谈论他们，都将对孩子产生影响。如果我们嘲笑别人，或者议论别人有多愚蠢，孩子便不仅会模仿这种对人的态度，更会学到一种价值观：他人不值得我们的尊重。

在孩子和我们生活的这些年里，也许我们能教给他们最重要的事情就是，如何从道德的视角来省思自己的行为。我们可以向他们示范如何运用自身的道德导向来纠正自己的行为。我们应通过提问来引导孩子，特别是问"为什么"。假设你还没上学的小孩刚刚在杂货店偷了一块糖，你可以对他大发雷霆，要求他马上还回去。但更恰当的办法是问他为什么要拿这块糖，然后花几分钟时间说说店铺被盗的后果是什么，这同样能够让他把糖还回去。把结果与个体的遭遇联系起来，告诉他，收银台那位好心的女士可能要为丢失的糖果买单。而即便她不需要付钱，她的老板也会对她产生不满。如果你是她，你会有什么样的感受？

也许你上高中的孩子正在考虑选择数学还是平面设计作为大学专业。当你听他权衡利弊时，尽量不要偏向其中一个，而是问问他看重什么，以及背后的原因：对你来说最重要的是什么？你为什么会关注这些领域的研究？为什么你会觉得这个专业适合你？这些问题可能会引发比如像"你如何定义美好生活"这样的重大问题。

涉及道德和价值观的谈话不一定非得涉及选择专业这样重大的人生决定。这样的谈话大多自然而然地发生。因此，你需要提前准备一些关于价值导向的问题。孩子的年龄不同，你得到的答案也会不同，应鼓励他们进行更深入的思考。年幼的孩子会以是否会受到

惩罚来判断事情的对错。大一点的孩子和大多数成年人一样，会努力成为一个"好人"，满足社会的期望。一小部分成年人则不是从规则的角度，而是从个人权利和正义的角度出发来思考道德问题。我们准备的问题应该能激发孩子的反省，能鼓励他们对日益深刻的复杂性问题进行思考：做一个好人意味着什么？你应该在什么时候向别人道歉？什么让一个人成为英雄？不按指示做事可行吗？帮助别人是我们的责任，还是说他们应该照顾好自己？你长大后想成为什么样的人？为什么？任何习惯都需要不断实践，通过这样做，道德反思的习惯将会成为孩子的第二天性。

我们都知道，有时候做正确的事情并非轻而易举，也不会带给人特别的享受。在"做好你自己的事"的极端个人主义文化中，是否让孩子去承担那些恼人的责任是家长需要认真思考的问题。"他不喜欢去拜访亲戚。""她在努力做作业，我怎么能让她洗碗呢！"这种找借口的做法（往往是因为父母不想让孩子生他们的气）忽略了每个家庭成员都需要有所贡献这件事的重要性。等以后孩子无法承担起份内的责任时，你会发现，外面的世界没这么好说话。我的母亲不幸患上了老年痴呆症，已经有十余年之久，我每周都会去看她，背后的原因有很多，但主要是因为我相信这样做是正确的。我的二儿子迈克尔住在纽约，每当他回到旧金山（这是常有的事），他都会向我借车，前往我母亲所在的专业护理机构。我曾问过他为什么常常这样做，他的回答是："这是我该做的，妈妈。"当然，每次去拜访都不那么容易，也不会带来多少乐趣。但是我们应该对孩子的责任感和使命感提出更高的要求。如果我们想让孩子成为对他们自己，对未来的家庭，以及对这个千疮百孔的世界有所贡献的

第十章　直面未来的家庭：加强道德教育，积极参与社群活动

人，他们需要从家中小事做起。给他们机会，让他们在日常小事中成长为好人。

价值观需要社会环境的土壤

价值观不是凭空而来的。与他人面对面交流的方式，在知道会影响他人之后如何行事，这些行为都反映了我们的价值观。正是在现实世界和集体中，价值观才被赋予意义，产生影响。在集体中，我们讨论过的许多时代顽疾将得到抚慰——不论是我们的焦虑和疏离感，对未来的无助，还是孩子的冷漠和缺乏能动性。从历史的视角来看，集体是我们庆祝里程碑事件和成就的地方，是让我们有归属感的地方。

在过去的20年里，对孩子的过度关注让我们远离了集体生活。我们的生活圈子缩小了，而不是扩大了。这不仅让价值体系出现了问题，也让我们越来越孤立。不仅仅是美国的父母感到自己被集体排除在外，社交孤立是一种全球现象，影响着所有年龄段和各个阶层。英国现在有了一位负责孤独问题的大臣。[7] 在日本，传统的多代同堂家庭正被西式的小家庭所取代，孤独终老的现象非常普遍——人们（不仅仅是老年人）孤独地死去，尸体几天都没能被发现，因为没有人来看望他们。[8] 日本心理学家冈本纯子曾提到过这种现象："社会在解决孤独问题上做得不够，人们也不愿意承认自己有多不快乐。"[9]

美国人同样不想承认自己的孤独与不幸福，但在热闹的互联网

表象之下，这种趋势毋庸置疑。在过去的 40 年里，各个年龄段的美国人都变得越来越孤独。[10] 意料之中的是，数字化一代的年轻人是最痛苦的。[11] 任何自拍或社交媒体上的发帖和回应都不像面对面交流那样能产生鲜活的情感。孤独的感觉很不好，对我们也很有害：孤独和吸烟在造成寿命缩短上有相似的作用，比肥胖对人的健康危害更大。缺乏与集体成员的交流以及孤独感会加剧不确定性带来的压力。[12] 我们应该在养活自己和养育孩子之外，投身到更广大的事业中去。虽然现在有很多关于部落主义的讨论，但是加入"部落"并不等同于融入共同体。不幸的是，按照现在的情况，部落是建立在相互不信任的基础上的。社区则是建立在相互信任和友善的基础上的。我们不能仅仅只是去反对其他团体，或是对抗其他的意识形态。我们必须去支持具体的人和观念，因为随着时间的推移，这才是对集体成员的支撑和激励。

曾在克林顿总统手下担任办公厅主任，并在北卡罗来纳大学担任了五年校长的厄斯金·鲍尔斯（Erskine Bowles）曾说过一个让我记忆深刻的观点：那些重视每一位成员需求的集体会有很大的能量。他喜欢讲述一个由他祖父传给他父亲再传给他的故事：当你砍完所需要的柴火之后，在回家的路上，你可以在社区的柴堆旁停下来，顺便放一两根柴火。这是为了确保北卡罗来纳州"互助互爱"社区里的所有家庭冬天都能有足够的供暖。集体的每个成员都这样做，"不管你是支持左派还是支持右派"。在那个时代，照顾好邻居比宣扬自己的家庭成就或宣称自己在道德和政治立场上高人一等更为重要。想想在你自己的邻里社区内，那座柴堆对应的是什么，然后为它添砖加瓦吧。

第十章　直面未来的家庭：加强道德教育，积极参与社群活动

从独自打保龄球到运动场边情绪失控的老爸

大约 20 年前，罗伯特·帕特南（Robert Putnam）出版了《独自打保龄球：美国社区的衰落和复兴》(*Bowling Alone*: *The Collapse and Revival of American Community*)，这是第一本描述美国人参与社区生活日益减少的影响的畅销书。从那以后，一大批作家和思想家开始探讨这个话题。最近为此话题添砖加瓦的是尤瓦尔·莱文（Yuval Levin），他在《分裂的共和国》(*The Fractured Republic*)中阐述了这样的观点，即美国人所珍视的个性和个人表达方式是一把双刃剑："这种文化在把许多人从高压的社会约束中解放出来的同时，也让许多人与他们的家庭疏远，使他们脱离了社群、丢了工作乃至迷失了信仰……我们也阐释了早期习俗的运作方式，以及公众对各种习俗的广泛信任。"[13] 这种对制度的信任缺失在公众心理上产生了连锁反应，怀疑和愤世嫉俗成为我们的心理定式，其结果是，我们只信任自己小圈子里最亲近和观点相似的人。

在 21 世纪之前，维系集体的是地理位置（主要是城市和街区）、有组织的宗教团体和种族聚居地。我们的祖父母通常归属于这些共同体的其中几个。我们和孩子则往往不属于其中任何一个，或者只是勉强参与一下团体的活动：比如在节假日的宗教活动，那可能也是我们享受传统美食、聆听家庭故事的契机。这些都是令人愉悦而有价值的传统，但它们不过是集体的回音，而非坚实的集体经历。它们像是一道没有主菜的甜点，对人的要求不高，但也不那么有

营养。

在能够提供养料的集体中，我们至少能够与一群拥有共同志趣的人频繁交流互动。但是，这样的集体要求人们参与其中，例如将集体的需求放在个人之上，与不喜欢的人交往，遵守我们觉得毫无意义或不公平的规则或仪式，以及即便在不方便或者是没有即刻回报的情况下，仍然为之贡献时间和精力。许多人对此望而却步。在今天的父母中间，最能激发类似的牺牲和忠诚的组织似乎是孩子的运动队。

油管（YouTube）上有数百个拍摄青少年运动场边情绪失控的老爸的视频，从中我们可以看到某些父母对孩子运动队的投入程度。他们为什么对误判或球员失误如此激动？起初，我们认为这一切可能是为了培养孩子的天赋和梦想。东卡罗来纳大学体育裁判实验室的负责人斯泰西·沃纳博士（Dr. Stacy Warner）提出了另一种观点："人类天生就有归属于群体的需要，人们聚会见面的地方越来越少了，我们剩下的就只有体育了。"父母在孩子运动队中的身份取决于孩子的表现和团队的成功。"父母希望他们的孩子能够一直上场，不断晋级，这样他们就可以继续随队旅行，为运动队操心，因为这是属于他们的集体。如果他们的孩子被排除在运动队之外，他们的社交圈将与现在大不相同。"

这种现象并不仅限于运动员的父母。同样的事情也发生在其他父母身上，他们的孩子或是热衷于表演，或是加入了辩论队或国际象棋俱乐部。这些现成的团体向父母们敞开大门，对一些母亲来说，这正可以让她们将全部空闲时间奉献给孩子。积极参与孩子的运动队、戏剧团或者辩论队与奉献全部的观念不谋而合。但是沃纳博士认同我儿子早先让家长们也去打球的建议："如果父母们能够参与成人体育联盟的比赛，也许他们就不会坐在那里看着孩子训练了。"[14]

在亲子活动或垒球看台这样的地方享受的情谊有时被称为"免费友谊"，因为父母只要露面就能自动加入这个团体。对身处团体中的父母来说，尽管给年轻球员加油打气并不需要什么特殊的技能，但却会给孩子增加负担。家长们在孩子的团队中投入了时间，有时还有大量的金钱，这更增加了压力。正如《家庭关系》（*Family Relations*）杂志的一项研究结果表明：孩子认为父母在一项运动上投入的钱越多，他们就越不喜欢参与这项运动。[15]

归根结底，无论是有意还是无意，我们完全依赖孩子的学校活动来寻找归属存在着隐患。研究表明，父母过多的参与不利于孩子的发展[16]，而且这种归属感是有期限的，除非你打算在孩子长大之后仍继续滞留在此。成为本地小联盟球队的教练不失为一个可行的选择，而惆怅地徘徊在球场里，回忆着你的孩子在那里训练的"美好旧时光"，除了徒增伤感，毫无益处。

选择集体活动

如果我们决定以一种更温和的方式支持孩子——例如去观看大型比赛或是首演之夜，但不要每个周末都陪着孩子训练——我们可以腾出一些时间，与志趣相投的朋友一起去参加一些兴趣小组。父辈们沿袭下来的传统是和几个哥们儿一起看看体育比赛、喝喝啤酒，一块跑跑步、骑骑车或者打打篮球。当我建议妈妈们尝试类似的活动时，她们的回答往往是："还能有什么比陪伴孩子更重要的事情呢？"父母与家庭外团体的联系，与陪伴孩子参加一项又一项活动同样重要，而很多人并没有认识到这一点。一种流行观点认为，我们花在孩子身上的钱永远不够，付出的时间也永远不嫌多，而妈妈特别容易受到这种观点的影响。[17] 这个想法问题严重。通过对更广阔的世界的参与，我们才能让孩子看到家庭之外美好的东西，才能向孩子展现出广泛的兴趣、多样的友谊以及对广阔的世界的好奇心的价值所在。如果我们去做志愿服务，孩子就会知道，我们生活的社区是值得付出时间和努力的。比起那种只在乎"个人成功和满足"的生活方式，我们塑造了一种更深刻有趣，也更容易实现的成年生活图景。

作为因为要教育孩子而时间紧迫的成年人，我们如何参与集体生活呢？解决方法是参与两种不同类型的集体生活。第一种可能在道德或精神层面上满足我们，通过这一方式，我们可以做善事并让社群变得更强大。但这种参与形式并不适合所有人，大约一半的美国人一年只参加几次宗教仪式，或干脆从不参加。[18]

对于我们这些没有被宗教组织所吸引的人来说，还有许多值得联系的组织。我们可以每月给妇女庇护所送一次食物，或者去养老院探望。我们可以为我们相信的事业筹集资金，或者加入社区菜园。只要用心找，就会有机会。大多数非营利性组织都需要市场营销、社交媒体和账目管理等方面的帮助。迈出志愿服务的第一步可能让人胆怯，但如果是一项你喜欢的活动，涉及你关心的问题，或者在此类工作上你已经积攒了一些经验，第一步就会更容易。

第十章 直面未来的家庭：加强道德教育，积极参与社群活动

第二种类型的集体生活涉及个人层面的参与，比如与他人建立友谊，在父母的角色之外获得情感、创造力和智力上的成长。我们的目标是养成在生活中参与两种集体活动的习惯，以便能够为更广阔的世界做出贡献，获得个人层面的成长，并与家庭以外的人群建立有意义的联系。

随着孩子年龄的增长和应尽之责的变化，参与到两种集体生活的时间会发生波动，但理想情况下，我们每个月至少应该在这两种活动中投入几个小时的时间。对孩子来说，他们只需要观察、见证我们的投入，并在适当的时候参与其中。我的一位朋友回忆说，在她成长的过程中，她的母亲学习了盲文课程，并义务为视力障碍者将书籍转录成盲文。这位母亲非常热爱读书，她告诉孩子们，她无法想象没有文学的世界（那时还没有有声读物）。当我的孩子还小的时候，我常常给卧病在家的人送饭。我有时会带着孩子们一起去，这么做主要是因为这对我来说是一个有意义的善举。犹太教的一个基本戒律是为修复世界而采取善举。正如我当时对儿子们解释的那样，送饭是我个人的应行之事，应尽之责。如今，他们都成为公益事业的志愿服务者。如果他们没有看到我一次次去帮助他人，他们还会去做志愿服务吗？也许仍然会，这一点我无从得知。但家庭的情感基调与其说依赖于我们说了什么，不如说由我们怎么做决定的。我当年善举的一部分回报，正出现在我儿子们身上。我的大儿子洛伦在一个家庭夏令营做志愿者，那里有一位身患绝症的家长。他最近招呼我去营地帮忙。这并非我的工作环境，也很有挑战性，但这是一个极好的学习、服务他人、与成年子女分享有意义经历的机会。在这本书里，我几乎没有允诺什么，但我可以向你们

保证，无论孩子在学业或运动上的成就现在给你带来了多少欣喜，都比不上看到他们成长为慷慨善良的成年人所带来的那份骄傲和快乐。

积极参与政治实践

就在我完成这本书前不久，一位住在附近的母亲找到我，向我提出了一个我从未听过的请求："你愿意到我家来，和一群父母谈谈如何让孩子积极地进行政治实践吗？"我答应了她。然后，我不得不开始考虑应该建议他们怎么做。我的结论是，参与集体活动、志愿服务和积极参与政治实践是重叠的领域，就像维恩图中的圆圈那样。从能够引发个人共鸣的事情开始做，你可以参与到任何你喜欢的活动领域中去，起点也许可以是环境保护这一孩子们大都感兴趣的话题。我们可以带着他们去清洁海滩，也可以在"海滩清洁日"当天参与活动。（这就是参与集体生活！）如果你想把这个活动提升到"政治实践"的层次，你可以帮助孩子起草一封给议员的信，描述海滩清洁的情况，询问他有没有提出与海滩相关的立法提案。和你的孩子一起展开调查，教给他们了解议员投票历史的方法，浏览权力机构的网站并在网站上提交反馈意见。互联网和社交媒体让每个人都能积极参与到政治实践中来。2019年，160万名学生通过联络来自世界各地的学生们，举行了一场游行，抗议在应对威胁人类福祉的气候变化问题上，各国政府缺乏应有的行动。

良好的教育不仅仅是为了自己的孩子，也包括为所有孩子创造

第十章　直面未来的家庭：加强道德教育，积极参与社群活动

一个更好的世界。我们的孩子不是孤岛，我们也不应该孤立地生活。相反，我们可以告诉他们，公民参与是平常的也是应该的，这不仅仅包括在感恩节时去"食品银行"帮忙，或参加大游行，尽管这些活动同样令人振奋，充满意义。与日常工作交织在一起的政治实践，能够让成人和孩子感受到自身的力量，对未来充满信心。与其诅咒黑暗，不如点燃蜡烛。大到竞选公职，小到阅读送到家里的选民教育小册子，都可以照亮一方天地。我们可以通过在餐桌上讨论社会问题、在投票时带着孩子一起去、与学校合作、恢复公民教育课程，为如何成为公民而以身作则。

　　在对这本书的初稿收尾时，我注意到自己多次提到餐桌。我觉得很有趣。我知道餐桌并不是我们和孩子交谈的唯一场所。但我也从几十年来抚养三个儿子的经历中意识到，餐桌是我们最可靠的聚集地。那样的家庭聚会在十多年前就结束了，然而，这可能是我作为父母最美好的记忆。在餐桌上，我们不仅谈论当天的事情，还对这本书中我所提到的价值观进行讨论、辩论、争吵，有时候我们甚至真的能得出答案。对我的孩子以及我和我丈夫来说，餐桌是良知和行动的孵化器。我知道，自从我开始养育孩子，生活节奏加快了，生活需求也增加了。我猜想，你们中很少有人能享受到每晚的家庭聚餐，很多谈话是在车里或早餐时展开的。但比起晚餐时的谈话，这样的对话太过临时而缺乏准备，也不够放松闲适。尽管作者只能让读者阅读他的作品，但我还想更进一步，请你考虑塑造一下你生活中的这个角落，让这里可以在大部分时间中，成为家人团聚在一起，共同分享、探索和成长之地。我能确信的是，如果你能改善当前匆忙慌乱到脚不沾地的生活，你将送给孩子和自己一个礼

物，而这份礼物将为你带来巨大的收获。

如果你正在难搞的婴儿、顽固的蹒跚学步的孩子、马上要上交的工作报告、家庭责任和每周一小时的瑜伽课之间手忙脚乱，这里的一些内容可能让你感觉很抽象，甚至可能无关紧要。但事情往往就是这样，我们固然可以将无限的精力放在孩子身上，给他们报补习班，加快课程进度，但如果他们没有机会在一个还算理智而稳定的世界里发挥自己的优势，那么，这不啻是一种对时间精力的浪费。对他们的未来而言，我们对世界的参与比起专门训练营、家教辅导或 AP 课程，都要重要得多。

对未来的浪漫想象

作为美国人，我们很幸运地生活在一个缺点不少但优点更多的国家。无论结果是好是坏，伴随数字革命而来的是一种无从归属的状态，而对此我们仍在寻找解决方案。然而有一点是明确的：把我们投入孩子身上的一些时间、精力和资源，倾注在对集体和国家的建设上，将会对孩子和我们自身都更有裨益。在我还小的时候，我对美国情感浓烈——祖父母向我讲述的那些他们从难以想象的迫害和恐怖中脱身的故事，让我更加确信我生活在世界上最好的国家。随着我逐渐成熟，我对国家的想象受到了挑战。我的眼光变得更加敏锐，看到了更深处以及更多的黑暗。在我看来，随着野蛮、偏见和固执占据历史舞台，当下的世界似乎已经支离破碎。然而，如果说作为一名心理学家的终身实践教会了我什么的话，那就是我相信洞察力和自省力能够改变行为。

我们没有迷失，机器人带来的世界末日不会到来。我们的孩子应该会有份好工作和幸福的婚姻与家庭，虽然他们的生活也许在某些方面与我们不尽相同，但也将有许多相似之处。毫无疑问，变化的数量和速度都在加快，我们无法预测未来，但这并不意味着我们无法为未来做好准备。我们当然可以，我们必须可以。为了培养面对充满不确定性的未来时所需要的韧劲，孩子在认知和情感层面都需要更大的自由度，在家中也需要有一个鼓励乐观和恒心的环境。在过去几年里，我接触过几十位军方、商界和思想界的领袖，虽然他们在细节上存在着分歧，但他们一致认为，渴望挑战，保持敏锐，并拥有主动学习的兴趣和能力是必需的。不同的衡量标准下，成功的含义也不尽相同。在充满难度且意想不到的特殊环境下，不可预期的 B 可能比可预期的 A 更有价值。

作为父母，我们必须对这个不安定的世界保持好奇和乐观。在未来的几十年里，我们自己也将面临许多挑战，其中有意料之中的，比如工作和育儿的平衡、老龄化、赡养父母以及退休的问题，当然，还会发生一些意料之外的挑战。就像我们的孩子一样，我们需要继续培养所谓的"开放心态"。为了我们的孩子，我们必须在关注公共利益——包括他人、国家和地球的利益——方面树立榜样。畏首畏尾、逃避责任对我们没有好处。我们要努力停止焦虑，因为这种焦虑感不利于迎接挑战时所需的热情和开放心态的养成。我们的孩子已经受够了被捧在手心，受够了父母过分的操心，受够了为了达到所谓成功的标准而承受的那些压力，在他们真正工作之前，这一标准还将经受多轮的反省与审视。在这个充满不确定性的时代，如果我只能给父母们提一个建议的话，我会说些什么呢？把你今天花在纠结孩子成绩上的时间减半，并用双倍的时间培养孩子强有力的道德感，鼓励他们关注公共利益。为了那无法预料、振奋人心而又等待我们书写的未来，我们都应成为最好的自己。

致 谢

写一本书往往需要一个营的人的帮助,而这本书则获得了整个军队的人的帮助。

有时候,退一步海阔天空。多年来,在文章和演讲中,我一直在抨击过度依赖考试成绩所带来的危害,而大学录取方式并没有得到充分的改善。我对自己的重复已经有些厌倦了,需要新的想法和观点。我要感谢那群没有涉猎过心理学,有着自由思维、设计思维和发散思维的朋友们:帕姆·斯科特(Pam Scott)、蒂姆·库格尔(Tim Koogle)、杰夫·斯奈普斯(Jeff Snipes)以及戴夫·沃顿(Dave Whorton),感谢你们参与每次的午后讨论,以及因此产生的海报墙上的涂鸦笔记,它们最终促成了这本书的诞生。

感谢来自多个领域的诸位专家,感谢他们愿意与我交谈,并为我提供了不同观点,以便我从各个角度看待这些棘手的问题。感谢前参谋长联席会议副主席温尼菲尔德(Winnefeld),神经病学家兼作家鲍勃·伯顿(Bob Burton),斯坦福大学青少年中心主任兼作家威廉·达蒙（William Damon），摩根士丹利董事长兼首席执行官詹姆斯·戈尔曼（James Gorman），BDT公司创始人、董事长兼首席执行官拜伦·特罗特（Byron D. Trott），谷歌研究总监彼得·诺维格（Peter Norvig），Oculus工作室主管杰森·鲁宾（Jason Rubin），领英员工沟通副总裁布莱斯·易（Blythe Yee），领英首席人力资源官克里斯蒂娜·霍尔（Christina Hall）。还有厄斯金·鲍尔斯（Erskine Bowles），他的头衔太多，无法一一列举，但他是卓越的导师，他告诉我要保持宽厚、乐观并且道德的思考角度，令我受益良多。

感谢勤奋的神经病学老师：美国国家药物滥用研究所神经成像实验室主任艾略特·斯坦（Elliot Stein），加州太平洋医疗中心大脑健康中心主任凯瑟琳·麦迪逊（Catherine Madison）。感谢你们二位的专业知识和耐心，让我这个兴趣浓厚但学识浅薄的"新手"了解到人类大脑令人敬畏的复杂性。

尤其要感谢我的同事、导师和好朋友，在芝加哥卢里儿童医院担任儿童和青少年项目主任的约翰·沃卡普（John Walkup），还有他的同事苏珊·弗里德兰（Susan Friedland）。如果没有你们的智慧、经验和慷慨，我也许无法完成这本书。可以肯定的是，没有你们，这本书的内容将不会像今天我们看到的这样丰富、层次分明、充满信息量。

感谢心理学家和作家凯瑟琳·斯坦纳·阿黛尔（Catherine Steiner Adair），她和我相识已久，向来是我求助的对象；感谢亚利桑那州立大学的心理学家和研究员、哥伦比亚大学教师学院名誉教授桑妮娅·卢萨（Suniya Luthar），以及哈佛大学变革领导小组的联合主任、作家托尼·瓦格纳（Tony Wagner），感谢你渊博的知识和创造性思维，感谢你让我专注于任务的同时，扩展和完善了我的思维能力。

我还想向斯坦福大学教育学院了不起的"挑战成功"团队致敬。在我的联合创始人兼高级讲师丹尼斯·波普（Denise Pope）和我们能力超群的执行董事凯西·古（Kathy Koo）的带领下，这家小小的教育初创公司已经发展成全国范围内一个不可小觑、卓有成效的变革推动者。感谢联合创始人吉姆·洛布德尔（Jim Lobdell）。谢谢你们在我因写作和旅行而无法参与活动时给我的包容。

感谢达格玛·杜比（Dagmar Dolby）、邦妮·卡鲁索（Bonnie Caruso）、米歇尔·沃克斯（Michelle Wachs）、菲利斯·肯普纳（Phyllis Kempner）和大卫·史坦恩（David Stein），感谢你们的友谊，感谢多年来无论我在不在你们身边（时常不在）也给予我坚定支持。我的儿媳劳伦·塔德恩（Lauren Taddune）是"科技"领域的通才，感谢你对我这个科技白丁抱有的无限耐心。最后，我要感谢我亲爱的朋友们凯西·菲尔兹（Kathy Fields）、加里·拉扬特（Garry Rayant）、温迪·罗宾斯（Wendye Robbins）和克雷格·麦加希（Craig McGahey）。你们总能给我带来惊喜。感谢你们用无尽的才华、持之以恒的乐观和决心照亮了我黑暗的角落。最重要的是，感谢你们一路相伴。

向我的助手莎伦·道尔（Sharon Doyle）致以感谢。你照顾我生活中所有的细节，帮我处理所有的琐事，正是因为你的帮助，这本书才得以问世。还要感谢非凡的玛戈，她帮忙照顾我的孩子，又以同样的爱关心我的母亲，她的好千言万语都说不完。我的教练汤姆·赫奇曼（Tom Hutchman）非常出色，他花了近 20 年时间耐心地训练我、说服我，终于让我理解，我的身体健康在为大脑运输养分之外，也还有其他意义。斯科特·伍德（Scott Wood）是世界上唯一一个不仅会在下午两点接电话，还会在凌晨两点回答我那些慌乱问题的 IT 人士，我向你致以由衷的感谢。

向丽奈特·派德沃（Lynette Padwa）致以谢意，她对这本书的思路、文字和逻辑都提出了宝贵的建议。感谢你贡献出了大量的时间、精力和才华。如果不是你坚信这本书需要被大众看到，我可能还要花十年来修改。

感谢埃里克·西蒙诺夫（Eric Simonoff），他从 20 多岁时起就成了我的经纪人，而那会儿我还是一个尚未出道的作家。谢谢你对我的信任和对我工作重要性的肯定。还有我在哈珀·柯林斯出版社的编辑盖尔·温斯顿（Gail Winston），她通过三本不同的书帮我走上了正轨，理清了思路。感谢哈珀·柯林斯团队的其他成员：希瑟·德鲁克（Heather Drucker）、汤姆·霍普克（Tom Hopke）、艾米丽·泰勒（Emily Taylor）、纳撒尼尔·克纳贝尔（Nathaniel Knaebel），以及所有为这本书的出版做出贡献的人。当然，也要感谢许多愿意分享自己故事的人，他们的故事时而让人振奋，时而令人痛心，但都为这本书注入了灵魂。谢谢你们的勇气和慷慨。

感谢与我相伴 40 多年的我的丈夫李·施瓦茨（Lee Schwartz），感谢你的支持，感谢你无尽的好奇心，感谢你慷慨地给我足够的时间和空间，让我心无旁骛，通宵写作。

最后，感谢我已经长成大小伙子的三个儿子洛伦（Loren）、迈克尔（Michael）和杰里米（Jeremy）。谢谢你们所有人的讨论和纠正，谢谢你们让我可以通过你们更年轻、更宽容也更乐观的视角看待这个世界。不论是生活出现非凡的转变还是意外的收获,你们都不是我教育的对象,你们是我的老师。因为有你们的贡献,这本书变得更新颖、更理想、更明确。

注 释

引言 焦虑时代,我们如何从容养育

1. U.S. Department of Health & Human Services, "Common Mental Health Disorders in Adolescence," https://www.hhs.gov/ash/oah/adolescent?development/mental?health/adolescent?mental?healthbasics/common?disorders/index.html. Retrieved Sept. 14, 2018; https://www.nimh.nih.gov/health/statistics/any?anxiety?disorder.shtml.

第一章 为什么现状难以改善?

1. "Common Mental Health Disorders in Adolescence." https://www.hhs.gov/ash/oah/adolescent?development/mental?health/adolescentmental?health?basics/common?disorders/index.html.
2. R. Mojtabai, M. Olfson, and B. Han, "National Trends in the Preva? lence and Treatment of Depression in Adolescents and Young Adults," *Pediatrics* 138, no. 6 (2016).
3. "Common Mental Health Disorders in Adolescence."
4. Benjamin Shain, "Suicide and Suicide Attempts in Adolescents," *Pediatrics* 138 (July 2016), 1.
5. Jerusha O. Conner and Denise C. Pope, "Not Just Robo?Students: Why Full Engagement Matters and How Schools Can Promote It," *Journal of Youth and*

Adolescence 42, no. 9 (Sept. 2013): 1426-1442.

6. C. Farh, M. G. Seo, and P. E. Tesluk, "Emotional Intelligence, Teamwork, Effectiveness, and Job Performance: The Moderating Role of Job Context," *Journal of Applied* Psychology 97, no. 4 (July 2012): 890-900.

7. M. Berking and P.Wupperman, "Emotional Regulation and Mental Health: Recent Findings, Current Challenges, and Future Directions," *Current Opinion in Psychiatry* 25, no. 2 (2012): 128?134.

8. L. A. Sroufe, "From Infant Attachment to Promotion of Adolescent Autonomy: Prospective, Longitudinal Data on the Role of Parents in Development," in J. G. Borkowski, S. L. Ramey, and M. BristolPower, eds., *Parenting and the Child's World: Influences on Academic, Intellectual, and Social-Emotional Development* (Mahwah, NJ: Law? rence Erlbaum Associates, Inc., 2002).

9. Peter Dockrill, "America Really Is in the Midst of a Rising Anxiety Epidemic," Science Alert, May 9, 2018, https://www.sciencealert.com/americans-are-in-the-midst-of-an-anxiety-epidemic-stress-increase.

10. Greg Toppo, "Why You Might Want to Think Twice Before Going to Law School," *USA Today,* June 28, 2017, https://www.usatoday.com/story/news/2017/06/28/law-schools-hunkering-down-enrollment-slips/430213001/.

11. Association of American Medical Colleges, "Medical Student Education: Debt, Costs, and Loan Repayment Fact Card," October 2017, https://members.aamc.org/iweb/upload/2017%20Debt%20Fact%20 Card.pdf.

12. Neil Patel, "90% of Startups Fail: Here's What You Need to Know About the 10%," Forbes, Jan. 16, 2015, https://www.forbes.com/sites/neilpatel/2015/01/16/90-of-startups-will-fail-heres-what-you-need-to-know-about-the-10/#28351bb66792.

13. Phil Haslett, "How Much Did Employees Make per Share in Recent Startup Acquisitions?" Quora (website), Sept. 17, 2013.

14. Ryan Carey, "The Payoff and Probability of Obtaining Venture Capi? tal," 80,000Hours.org, June 25, 2014.

15. Steve Lohr, "Where the STEM Jobs Are (and Where They Aren't),"*New York Times,* Nov.1,2017, https://www.nytimes.com/2017/11/01/education/edlife/stem-jobs-industry-careers.html.

16. Jean M. Twenge, Gabrielle N. Martin, and Keith W. Campbell, "Decreases in

Psychological Well-Being Among American Adolescents After 2012 and Links to Screen Time During the Rise of Smartphone Technology," Emotion 18, no. 3 (Jan. 22, 2018), 765-780.

17. Frank Newport, "The New Era of Communication Among Americans," Gallup news.gallup.com/poll/179288/new-era-communication -americans.aspx., Nov. 10, 2014.

18. A. Lenhart, "Teen, Social Media, and Technology Overview," Pew Research Center, 2018, http://www.pewinternet.org/2018/05/31/teens social-media-technology-2018.

19. C. Auguer and G. W. Hacker, "Associations Between Problematic Mobile Phone Use and Psychological Parameters in Young Adults," *International Journal of Public Health* 57, no. 2 (2012): 437-441.

20. Jean M. Tweng, "Have Smartphones Destroyed a Generation?," *The Atlantic,* September 2017.

21. Monica Anderson and JingJing Jiang, "Teens, Social Media & Technology 2018," Pew Research Center, May 31, 2018 https://www.pew internet. org/2018/05/31/teens-social-media-technology-2018/.

22. K. Eagan et al., "The American Freshman: Fifty-Year Trends," Cooperative Institutional Research Program, Higher Education Research Institute, University of California, Los Angeles, 2014, https://heri.ucla.edu/publications-tfs/.

23. Eagan et al., "The American Freshman."

24. "Cheat or Be Cheated? What We Know About Academic Integrity in Middle & High Schools & What We Can Do About It," http:// www.challengesuccess. org/wp-content/uploads/2015/07/Challenge Success-AcademicIntegrity-WhitePaper.pdf.

25. L. Taylor, M. Pogrebin, and M. Dodge, "Advanced Placement– Advanced Pressures: Academic Dishonesty Among Elite High School Students," *Educational Studies: A Journal of the American Educational Studies Association* 33 (2002): 403-421.

26. Arthur Allen, "Flag on the Field," *Slate,* May 16, 2006, https://slate.com/ technology/2006/05/taking-the-sat-untimed.html.

27. Alia Wong, "Why Would a Teacher Cheat?," *The Atlantic,* April 27, 2016, https://www.theatlantic.com/education/archive/2016/04/why-teachers-

cheat/480039/.
28. Larry Gordon, "Claremont McKenna College Under Fire for SAT Cheating Scandal," *Los Angeles Times,* Jan. 31, 2012, http://latimes blogs.latimes.com/lanow/2012/01/claremont-mckenna-college-sat-cheating.html.
29. Adam Brown, "Why Forbes Removed 4 Schools from Its America's Best Colleges Rankings," *Forbes,* July 24, 2013, https://www.forbes.com/sites/abrambrown/2013/07/24/why-forbes-removed-4-schools-from-its-americas-best-colleges-rankings/#62401a343521.
30. M. Herrell and L. Barbato, "Great mangers still matter: the evolution of Google's project Oxygen," Google re:Work, Feb 27, 2018.

第二章 在不确定的未来面前，为什么我们会做出错误的决定？

1. J. Hawkins and S. Blakeslee, *On Intelligence* (New York: Times Books, 2004).
2. Andres Molero Chamis and Guadalupe Nathzidy Rivera-Urbina, "Researchers Identify Area of the Amygdala Involved in Taste Aversion," University of Granada, April 5, 2018, https://study.com/academy/lesson/the-amygdala-definition-role-function.html.
3. U. Neisser, "The Control of Information Pickup in Selective Looking," *Perception and Its Development: A Tribute to Eleanor J Gibson,* ed. A. D. Pick (Hillsdale, NJ: Lawrence Erlbaum Associates, 1979): 201–219.
4. https://www.theatlantic.com/health/archive/2015/03/how-uncertainty-fuels-anxiety/388066/ retrieved 5-16-19.
5. Daniel Kahneman and Amos Tversky, "Prospect Theory: An Analysis of Decision Under Risk." *Econometrica* 47 (2) (March 1979), 263–291.
6. K. Starcke and M. Brand, "Effects of Stress on Decisions Under Uncertainty: A Meta-Analysis," *Psychological Bulletin* 142 (2016): 909–933, DOI:10.1037/bul0000060.
7. Paul G. Schempp, "How Stress Leads to Bad Decisions—and What to Do About It," *Performance Matters,* August 26, 2016, http://www.performancemattersinc.com/posts/how-stress-leads-to-bad-decisions-and-what-to-do-about-it/.
8. Howard Kunreuther et al., "High Stakes Decision Making: Normative, Descriptive, and Prescriptive Considerations," *Marketing Letters* 13, no. 3 (August 2002): 259–268, https://link.springer.com/article/10.1023/

A:1020287225409.

9. Christopher R. Madan, Marcia L. Spetch, and Elliot A. Ludvig, "Rapid Makes Risky: Time Pressure Increases Risk Seeking in Decisions from Experience," *Journal of Cognitive Psychology* 27, no. 8 (2015): 921–928, http://dx.doi.org/10.1080/20445911.2015.1055274.

10. http://www.washington.edu/news/2007/08/07/baby-dvds-videos-may-hinder-not-help-infants-language-development/.

11. Diane Whitmore Schanzenbach and Stephanie Howard Larson, "Is Your Child Ready for Kindergarten?: Redshirting May Do More Harm than Good," *Education Next* 17, no. 3 (Summer 2017), http:// educationnext.org/is-your-child-ready-kindergarten-redshirting-may-do-more-harm-than-good/.

第三章 过度保护的真正危害

1. "Prevalence of Any Anxiety Disorder Among Adults," National Institute of Mental Health, https://www.nimh.nih.gov/health/statistics/any-anxiety-disorder.shtml#part_155094.

2. Ibid.

3. Alex Williams, "Prozac Nation Is Now the United States of Xa-nax," *New York Times,* June 10, 2017, https://www.nytimes.com/2017/06/10/style/anxiety-is-the-new-depression-xanax.html.

4. J. M. Hettema, M. C. Neale, and K. S. Kendler, "A Review and Meta-Analysis of the Genetic Epidemiology of Anxiety Disorders," *American Journal of Psychiatry* 158, no. 10 (Oct. 2001): 1568–1578, https://www.ncbi.nlm.nih.gov/pubmed/11578982?mod= article_inline.

5. V. E. Cobham, M. R. Dadds, and S. H. Spence, "The Role of Pa-rental Anxiety in the Treatment of Childhood Anxiety," *Journal of Consulting and Clinical Psychology,* Dec. 1998, https://www.ncbi.nlm.nih.gov/pubmed/9874902.

6. Kyle Spencer, "Homework Therapists' Job: Help Solve Math Prob-lems, and Emotional Ones," *New York Times,* April 4, 2018, https:// www.nytimes.com/2018/04/04/nyregion/homework-therapists-tutoring-counseling-new-york.html.

7. Ibid.

第四章 习得性无助和迟到的青春期

1. Holly H. Schiffrin et al., "Helping or Hovering? Effects of Helicopter Parenting on College Students' Well-Being," *Psychological Science* 7 (2013), https://scholar.umw.edu/psychological_science/7.
2. Ibid., 548–557.
3. Suniya S. Luthar, "Vulnerability and Resilience: A Study of High-Risk Adolescents," *Child Development* 62, no. 3 (June 1991): 600–616.
4. "Suicide Rising Across the US," Centers for Disease Control and Preven-tion, last updated June 11, 2018, https://www.cdc.gov/vitalsigns/suicide/.
5. "Suicide Rates for Teens Aged 15–19 Years, by Sex—United States, 1975–2015," *Morbidity and Mortality Weekly Report,* Centers for Dis-ease Control and Prevention, August 4, 2017, https://www.cdc.gov/mmwr/volumes/66/wr/mm6630a6.htm.
6. R. Weissbour, S. Jones, et al., "The Children We Mean to Raise: The Real Messages Adults are Sending About Values," Making Caring Common Project, Harvard Graduate School of Education, 2014.
7. Hanna Rosin, "The Silicon Valley Suicides," *The Atlantic,* Nov. 2015.
8. https://www.theguardian.com/society/2012/oct/21/puberty-adolescence-childhood-onset. Retrieved Dec. 23, 2018.
9. Laurence Steinberg, *Age of Opportunity: Lessons from the New Science of Adolescence* (Wilmington, MA: Mariner Books, 2015).

第五章 消除无助，提升能力

1. "How Many People Attended March for Our Lives? Crowd in D.C. Estimated at 200,000," CBS News.com, March 25, 2018, https:// www.cbsnews.com/news/march-for-our-lives-crowd-size-estimated-200000-people-attended-d-c-march/.
2. A. J. Willingham, "Some of the Most Powerful Quotes from the #NeverAgain Rallies," CNN.com, February 21, 2018, https://www.cnn.com/2018/02/21/us/neveragain-parkland-shooting-rallies-quotes-trnd/index.html.
3. Bureau of Labor Statistics, U.S. Department of Labor, "Employment Characteristics of Families—2017," 2–3.
4. https://www.census.gov/newsroom/press-releases/2016/cb16–192.html. Retrieved July 30, 2018.

5. National Sleep Foundation, https://www.sleepfoundation.org/articles/what-happens-when-my-child-or-teen-doesnt-get-enough-sleep. Re-trieved May 11, 2019.

6. *Desk Reference to the Diagnostic Criteria from DSM-5* (Washington, DC: American Psychiatric Association, 2013).

7. "Age-Appropriate Chores for Children," LivingMontessoriNow.com, https://livingmontessorinow.com/montessori-monday-age-appropriate-chores-for-children-free-printables/.

8. Lenore Skenazy, founder, LetGrow, Letgrow.org. Retrieved Dec. 5, 2018 https://letgrow.org/resources/really/.

9. Secretary Colin Powell, opening remarks before the Senate Govern-mental Affairs Committee. https://fas.org/irp/congress/2004_hr/091 304powell.html. Retrieved Mar. 15, 2019.

10. Sonja Lyubomirsky et al., "Thinking About Rumination: The Schol-arly Contributions and Intellectual Legacy of Susan *Nolen-Hoeksema,*" *Annual Review of Clinical Psychology* 11 (2015), https://www.annual reviews.org/doi/abs/10.1146/annurev-clinpsy-032814–112733.

11. Martin E. P. Seligman and Mihaly Csikszentmihalyi, "Positive Psy-chology: An Introduction," *American Psychologist* 55, no. 1 (2000): 5–14, DOI:10.1037/0003–066x.55.1.5. PMID 11392865.

12. "Father of Student Killed in Parkland Shooting Discusses School Safety," interviewed by Mary Louise Kelly on NPR, *All Things Considered,* August 15, 2018, transcript on NPR.com, https://www.npr.org/templates/transcript/transcript.php?storyId= 639001302.

第六章 什么是 21 世纪必备的技能？

1. https://eric.ed.gov/?id=ED519462. Retrieved Sept. 12, 2018.

2. P21 *Framework Definitions,* Partnership for 21st Century Skills, Copyright © 2009.

3. Benjamin Herold, "The Future of Work Is Uncertain, Schools Should Worry Now," *Education Week,* Sept. 26, 2017, https://www.edweek.org/ew/articles/2017/09/27/the-future-of-work-is-uncertain-schools.html.

4. Dom Galeon, "Our Computers Are Learning How to Code Them-selves: Human Coders Beware," Futurism.com, Feb. 24, 2017, https:// futurism.com/4-our-computers-are-learning-how-to-code-themselves.
5. Leigh S. Shaffer and Jacqueline M. Zalewski, "Career Advising in a VUCA Environment," *NACADA Journal* 31, no. 1 (Spring 2011), http://www.nacadajournal.org/doi/pdf/10.12930/0271–9517-31.1.64?code=naaa-site.
6. David Brooks, "Amy Chua Is a Wimp," *New York Times,* Jan. 17, 2011, https://www.nytimes.com/2011/01/18/opinion/18brooks.html.
7. Jeffery R. Young, "How Many Times Will People Change Jobs? The Myth of the Endlessly-Job-Hopping Millennial," EdSurge.com, July 20, 2017, https://www.edsurge.com/news/2017-07-20-how-many-times-will-people-change-jobs-the-myth-of-the-endlessly-job-hop ping-millennial.
8. Young, "How Many Times Will People Change Jobs?"

第七章　充满不确定的时代所需的技能清单

1. https://www.ncbi.nlm.nih.gov/pmc/articles/PMC1324783/. Retrieved Nov. 18, 2018.
2. Cameron Kasky, personal response, Nov. 15, 2019, Common Sense Media Award for Advocacy.
3. Prachi E. Shah, Heidi M. Weeks, and Niko Kaciroti, "Early Child-hood Curiosity and Kindergarten Reading and Math Academic Achievement," *Pediatric Research,* 2018.
4. Francesca Gino, "The Business Case for Curiosity," *Harvard Business Review,* Sept.–Oct. 2018, https://hbr.org/2018/09/curiosity#the-business-case-for-curiosity.
5. Ibid.
6. "Not My Job: 'Stay Human' Bandleader Jon Batiste Gets Quizzed on Robots," transcript from *Wait, Wait... Don't Tell Me!* July 28, 2018, https://www.npr.org/templates/transcript/transcript.php?story Id= 633019196.
7. Elizabeth Svoboda, "Cultivating Curiosity," *Psychology Today,* September 2006.
8. https://www.latimes.com/health/la-xpm-2012-oct-02-la-heb-teens-risk-averse-20121001-story.html. Retrieved May 12, 2019.
9. Patrick Barkham, "Forest Schools: Fires, Trees, and Mud Pies," *The Guardian,*

https://www.theguardian.com/education/2014/dec/09/the-school-in-the-woods-outdoor-education-modern-britain, Retrieved Nov. 14, 2018.

10. Mariana Brussoni et al., "What Is the Relationship Between Risky Outdoor Play and Health in Children? A Systematic Review," *International Journal of Environmental Research and Public Health* 12, no. 5 (2015): 6423–6454.

11. Joske Nauta et al., "Injury Risk During Different Physical Activity Behaviours in Children: A Systematic Review with Bias Assessment," *Sports Medicine* 45, no. 3 (March 2015): 327–336.

12. James Gorman, personal communication, Sept. 25, 2017.

13. James Gorman, personal communication, Jan. 16, 2019.

14. James "Sandy" Winnefeld, personal communication, Jan. 18, 2019.

15. https://www.psychologytoday.com/us/blog/youth-and-tell/201107/risky-business-why-teens-need-risk-thrive-and-grow. Retrieved 5-12-19.

16. Marco Casari, Jingjing Zhang, and Christine Jackson, "When Do Groups Perform Better than Individuals?" Working Paper Series, Institute for Empirical Research in Economics University of Zu-rich, revised April 2012, http://www.econ.uzh.ch/static/wp_iew/iew wp504.pdf.

17. Rob Cross, Scott Taylor, and Deb Zehner, "Collaboration Without Burnout," *Harvard Buiness Review,* July–August 2018, https://hbr.org/2018/07/collaboration-without-burnout.

18. https://listen/org/Listening-Facts. Retrieved Nov. 22, 2018.

19. Carol Dweck, *Mindset: The New Psychology of Success* (New York: Bal-lantine Books, 2007).

第八章　充满波折的人生道路

1. Frank Bruni, "The Moral Wages of the College Admissions Mania," *New York Times,* March 16, 2019.

2. http://reports.weforum.org/future-of-jobs-2016/chapter-1-the-future-of-jobs-and-skills/-view/fn-1. Retrieved Dec. 16, 2018.

3. "'You've got to find what you love,' Jobs says" (a prepared text of the commencement address delivered by Steve Jobs, CEO of Apple Computer and of Pixar Animation Studios, on June 12, 2005), *Stanford News,* June 14, 2005, https://news.stanford.edu/2005/06/14/jobs-061505/.

第九章 育儿方式的改变

1. Kenneth Matos, Ellen Galinsky, and James T. Bond, "National Study of Employers," Families and Work Institute, 2016 Copyright © 2017, Society for Human Resource Management.
2. Gretchen Livingston, "About One-Third of U.S. Children Are Living with an Unmarried Parent," Pew Research Center (analysis of U.S. Census Bureau data), April 27, 2018, https://www.pewresearch.org/fact-tank/2018/04/27/about-one-third-of-u-s-children-are-living-with-an-unmarried-parent/.
3. Gretchen Livingston, "Stay-at-Home Moms and Dads Account for About One-in-Five U.S. Parents," Fact Tank, Sept. 4, 2018, Pew Re-search Center, https://www.pewresearch.org/fact-tank/2018/09/24/stay-at-home-moms-and-dads-account-for-about-one-in-five-u-s-parents/.
4. "Modern Parenthood: Roles of Moms and Dads Converge as They Balance Work and Family," Pew Research Center; Social & De-mographic Trends, March 14, 2013, https://www.pewsocialtrends.org/2013/03/14/modern-parenthood-roles-of-moms-and-dads-converge-as-they-balance-work-and-family/.
5. Annie Lowrey, "Women May Earn Just 49 Cents on the Dollar," The Atlantic, Nov. 28, 2018, https://www.theatlantic.com/ideas/archive/2018/11/how-big-male-female-wage-gap-really-is/.
6. Mark J. Perry, "Women Earned Majority of Doctoral Degrees in 2016 for 8th Straight Year and Outnumber Men in Grad School 135 to 100," American Enterprise Institute (AEI), Sept. 28, 2017, http://www.aei.org/publication/women-earned-majority-of-doctoral-degrees-in-2016-for-8th-straight-year-and-outnumber-men-in-grad-school-135-to-100/.
7. Kim Parker and Gretchen Livingston, "7 Facts About American Dads," Pew Research Center, June 13, 2018; "How Mothers and Fathers Spend Their Time," Pew Research Center, Social and Demo-graphic Trends, March 14, 2013.
8. "When Work Takes Over: Emotional Labor Strategies and Daily Ruminations About Work While at Home," *Journal of Personnel Psychology* 16 (2017): 150–154.
9. Kristin Wong, "There's a Stress Gap Between Men and Women. Here's Why It's Important," *New York Times,* Nov. 14, 2018, https://www.nytimes.

com/2018/11/14/smarter-living/stress-gap-women-men.html.

10. A. Kalil, R. Ryan, and M. Corey, "Diverging Destinies: Maternal Education and the Developmental Gradient in Time with Children," *Demography* 49, no. 4 (Nov. 2012): 1361–1383.

11. Anne Maass and Chiara Volpato, "Gender Differences in Self-Serving Attributions About Sexual Experiences," *Journal of Applied Social Psychology,* May 1989.

12. "Event Transcript: Religion Trends in the U.S." Pew Research Cen-ter, Aug. 19, 2013, http://www.pewforum.org/2013/08/19/event-tran script-religion-trends-in-the-u-s/.

13. "Fewer than Half of U.S. Kids Today Live in a 'Traditional' Family," Pew Research Center, Dec. 22, 2014, http://www.pewresearch.org/fact-tank/2014/12/22/less-than-half-of-u-s-kids-today-live-in-a-traditional-family/.

14. Andre Agassi, *Open* (New York: Knopf, 2006).

15. Laura McKenna, "The Ethos of the Overinvolved Parent," *The Atlantic,* May 18, 2017, https://www.theatlantic.com/education/archive/2017/05/the-ethos-of-the-overinvolved-parent/527097/.

16. Laura Hamilton, "The Partnership Between Colleges and Helicopter Parents," *The Atlantic,* May 13, 2016, https://www.theatlantic.com/education/archive/2016/05/the-partnership-between-colleges-and-helicopter-parents/482595/.

17. https://www.forbes.com/sites/amymorin/2017/08/29/parents-please-dont-attend-your-adult-childs-job-interview/-7ab0b92e2a31. Re-trieved Dec. 15, 2018.

18. Suniya S. Luthar and Lucia Ciciolla, "Who Mothers Mommy? Factors That Contribute to Mothers' Well-Being," *Developmental Psychology,* Dec. 2015, https://www.ncbi.nlm.nih.gov/pubmed/26501725.

19. "Modern Parenthood: Roles of Moms and Dads Converge as They Balance Work and Family."

20. Lila MacLellan, "Research Shows Daily Family Life Is All the 'Quality Time' Kids Need," Quartz at Work, Nov. 5, 2017, https://qz.com/work/1099307/research-shows-daily-family-life-is-all-the-quality-time-kids-need/.

21. Melissa A. Milkie, Kei M. Nomaguchi, and Kathleen E. Denny, "Does the Amount of Time Mothers Spend with Children or Ad-olescents Matter?"

Journal of Marriage and Family, March 4, 2015, https://onlinelibrary.wiley.com/doi/pdf/10.1111/jomf.12170.

22. Brigid Schulte, "Making Time for Kids? Study Says Quality Trumps Quantity," *Washington Post,* March 28, 2015, https://www.washingtonpost.com/local/making-time-for-kids-study-says-quality-trumps-quantity/2015/03/28/10813192-d378-11e4-8fce-3941fc 548f1c_story.html?utm_term=.ce0f193211b8.

23. Ibid.

24. Charles Opondo et al., "Father Involvement in Early Child-Rearing and Behavioural Outcomes in Their Pre-Adolescent Children: Evi-dence from the ALSPAC UK Birth Cohort," *BMJ Journals,* Nov. 2016, https://bmjopen.bmj.com/content/6/11/e012034.

第十章 直面未来的家庭：加强道德教育，积极参与社群活动

1. "Cheat or Be Cheated," Challenge Success white paper, 2012, www.challengesuccess.org. Retrieved Nov. 25, 2018.

2. Natasha Singer, "Tech's Ethical 'Dark Side': Harvard, Stanford, and Others Want to Address It," *New York Times,* Feb. 12, 2018.

3. Irina Raicu, "Rethinking Ethics Training in Silicon Valley," *The Atlantic,* May 26, 2017, https://www.theatlantic.com/technology/archive/2017/05/rethinking-ethics-training-in-silicon-valley/525456/.

4. https://www.usnews.com/opinion/knowledge-bank/articles/2016–11–22/donald-trumps-election-is-civic-educations-gut-check. Re-trieved Jan. 7, 2019.

5. Quoted by Jeremy Pearce in "Arthur Galston, Agent Orange Researcher, Is Dead at 88," *New York Times,* June 23, 2008, B6.

6. Personal communication, July 1, 2019.

7. Ceylan Yeginsu, "U.K. Appoints a Minister for Loneliness," *New York Times,* Jan. 17, 2018, https://www.nytimes.com/2018/01/17/world/europe/uk-britain-loneliness.html.

8. Marc Prosser, "Searching for a Cure for Japan's Loneliness Epidemic," *Huff Post,* Aug. 15, 2018, https://www.huffingtonpost.com/entry/japan-loneliness-aging-robots-technology_us_5b72873ae4b05307 43cd04aa.

9. https://www.ft.com/content/e4d15154-6a31-11e8-b6eb-4acfcfb08 c11. Retrieved 5-14-18.

10. Fiza Pirani, "Why Are Americans So Lonely?" *Atlanta Journal Constitution,* May 1, 2018, https://www.ajc.com/news/health-med-fit-science/why-are-americans-lonely-massive-study-finds-nearly-half-feels-alone-young-adults-most-all/bbIKsU2Rr3qZI8WlukH fpK/. Retrieved Jan. 7, 2019.
11. Ibid.
12. Ibid.
13. Yuval Levin, *The Fractured Republic: Renewing America's Social Contract in the Age of Individualism* (New York: Basic Books, 2017).
14. Emilie Le Beau Lucchesi, "Why Sports Parents Sometimes Behave So Badly," *New York Times,* Nov. 1, 2018, https://www.nytimes.com/2018/11/01/well/family/why-sports-parents-sometimes-behave-so-badly.html.
15. C. Ryan Dunn et al., "The Impact of Family Financial Investment on Perceived Parent Pressure and Child Enjoyment and Commitment in Organized Youth Sport," *Family Relations: Interdisciplinary Journal of Applied Family Sciences,* May 24, 2016, https://onlinelibrary.wiley.com/doi/abs/10.1111/fare.12193.
16. Chris Segrin et al., "Parent and Child Traits Associated with Over-parenting," *Journal of Social and Clinical Psychology* 32, no. 6 (2103): 569–595.
17. Claire Cain Miller, "The Relentlessness of Modern Parenting," *New York Times,* Dec.25, 2018, https://www.nytimes.com/2018/12/25/upshot/the-relentlessness-of-modern-parenting.html.
18. Miller, "The Relentlessness of Modern Parenting."

图书在版编目（CIP）数据

面向未来的养育：如何让孩子拥有创造力、协作能力、毅力和积极的心态 /（美）玛德琳·莱文著；刘晗译. —上海：上海社会科学院出版社，2023
书名原文：Ready or Not : Preparing Our Kids to Thrive in an Uncertain and Rapidly Changing World

ISBN 978-7-5520-4017-3

Ⅰ.①面… Ⅱ.①玛…②刘… Ⅲ.①家庭教育 Ⅳ.①G78

中国版本图书馆 CIP 数据核字（2022）第 257553 号

Copyright © 2020 by Madeline Levine.
All rights reserved.
This edition arranged with Levine, Madeline
through Andrew Nurnberg Associates International Limited.

上海市版权局著作权合同登记号：图字09-2022-0905号

面向未来的养育：如何让孩子拥有创造力、协作能力、毅力和积极的心态

著　　者：[美]玛德琳·莱文
译　　者：刘　晗
责任编辑：赵秋蕙
特约编辑：葛灿红
封面设计：主语设计
出版发行：上海社会科学院出版社
　　　　　上海市顺昌路 622 号　　邮编 200025
　　　　　电话总机 021-63315947　　销售热线 021-53063735
　　　　　http://www.sassp.cn　　E-mail：sassp@sassp.cn
印　　刷：北京中科印刷有限公司
开　　本：710 毫米 × 1000 毫米　1/16
印　　张：16.25
字　　数：156 千
版　　次：2023 年 5 月第 1 版　2023 年 5 月第 1 次印刷

ISBN 978-7-5520-4017-3/G·1234　　　　定价：52.80 元

版权所有　　翻印必究